GERRIT-RICHARD RANFT

Mit Kindern unterwegs

REGION STUTTGART UMSONST

fs

GERRIT-RICHARD RANFT

Mit Kindern unterwegs

REGION STUTTGART UMSONST

Rund 300 kostenlose Ausflugsziele

fleischhauer & spohn

Gerrit-R. Ranft lebt und arbeitet als freier Journalist in Ulm. Der gebürtige Niedersachse fühlt sich seit mehr als dreißig Jahren im deutschen Südwesten heimisch. Als Vater zweier Kinder und mittlerweile auch als jung gebliebener Opa weiß er, wohin es Familien in der Freizeit zieht. »Region Stuttgart umsonst« ist sein fünfzehnter Ausflugsführer.

Umschlagfoto: Verkleidete Kinder im »Jungen Schloss«, dem ersten Kindermuseum in Stuttgart.

Alle Beschreibungen erfolgen nach bestem Wissen und Gewissen. Autor und Verlag können jedoch keine Haftung übernehmen, auch nicht bei etwaigen Unfällen. Die Benützung des Buches geschieht auf eigenes Risiko.

Fleischhauer & Spohn steht für die hochwertigen Familienausflugsführer aus dem Silberburg-Verlag.

1. Auflage 2012

Umschlaggestaltung: Christoph Wöhler, Tübingen, unter Verwendung einer Fotografie des Landesmuseums Württemberg/ P. Frankenstein/H. Zwietasch.
Illustrationen: Ann-Kathrin Busse, Pfinztal.
Druck: Grammlich, Pliezhausen.
Printed in Germany.

PEFC
PEFC/04-31-0878

Gedruckt auf zertifiziertem Papier: Förderung nachhaltiger Waldbewirtschaftung – nähere Informationen unter: www.pefc.org

ISBN 978-3-8425-1180-4

Besuchen Sie uns im Internet und entdecken Sie die Vielfalt unseres Verlagsprogramms:
www.silberburg.de

Inhalt

Zehn Anregungen, diesen Ausflugsbegleiter zu nutzen

1. »Kost' nix – taugt nix«, mahnt gern der Schwabe – trotz seiner fast schon sprichwörtlichen Sparsamkeit. Das trifft aber nicht immer zu. Es gibt Dinge zwischen Heilbronn und Reutlingen, zwischen Pforzheim und Schwäbisch Gmünd, die aller Ehren wert und dennoch kostenlos sind.

2. Wahr ist aber auch dies: Der kostenlose Blick in einen ehemaligen Silberstollen im Schwäbischen Wald fällt bescheidener aus als die (kostenpflichtige) Besichtigung eines Besucherbergwerks im Schwarzwald. Das kostenfreie Strandbad kann mit dem Angebot eines Erlebnisbads nicht konkurrieren.

3. Dieser Ausflugsführer fasst rund 300 Plätze in der Region Stuttgart zusammen, deren Besuch sich lohnt, soweit die Erwartungen an kostenlose Reiseziele nicht zu hoch geschraubt werden. Allerdings ist dies keine Bestandsaufnahme aller kostenlosen Angebote rund um Stuttgart.

4. Die Ausflugsziele werden in nur wenigen Sätzen vorgestellt. An Ort und Stelle findet der Besucher – wo nötig – weitere Auskunft. Genannt sind stets jene Stellen, die weiterhelfen, wie Museen, Gemeindeverwaltungen, Tourist-Informationen. Dort auf jeden Fall vor dem Ausflug informieren – telefonisch oder übers Internet.

5. *Umsonst* heißt nicht immer völlig *kostenlos*, wenn z. B. Parkgebühren fällig werden. Einige Ausflü-

ge sind nur kostenlos mit dem *Landesfamilienpass*, der auf Seite 16 vorgestellt wird. Auch kostenlos nutzbare Einrichtungen verursachen dem Eigentümer Ausgaben. Spenden sind daher willkommen.

6. Mit allen Einrichtungen, die nur beschränkte Öffnungszeiten aufweisen, können immer auch Besuche außerhalb dieser meist nur kurzen Zeitspannen vereinbart werden. Dazu dienen die angegebenen Telefonnummern. Mail-Adressen sind nicht aufgeführt, weil sie über die jeweiligen Internetseiten meist leicht auffindbar sind.

7. Die kursiv gesetzten Auskunftspäckchen am Ende jedes Ausflugstipps geben in fester Reihenfolge an: **Öffnungszeiten, Lage oder Parkplatz, Eignung für Kinderwagen und Rollstuhl, Telefonauskunft, Internetadresse.** Fehlen Angaben, sind sie überflüssig, weil z. B. ein Walderlebnispfad immer geöffnet, ein Aussichtsturm für Rollstühle nicht geeignet ist.

8. Die entsprechenden Abkürzungen lauten: **Ö** = Öffnungszeiten, **L** = Lage, **P** = Parken, **K** = Kinderwagen, **R** = Rollstuhl, **T** = Telefon

9. Dieses Buch wurde mit größtmöglicher Sorgfalt erarbeitet. Dennoch kann es vorkommen, dass Ziele nicht exakt der Beschreibung entsprechen. Wege und Straßen werden verlegt, Zugänge geschlossen, Öffnungszeiten geändert, Wildgehege geschlossen, Angebote abgewandelt.

10. Der Autor dankt der Landesstelle für Museumsbetreuung Baden-Württemberg, dass er hin und wieder aus dem von ihr herausgegebenen Band »Museen in Baden-Württemberg« (Internet: www.netmuseum.de) zitieren durfte, ohne in jedem Einzelfall die Quelle nennen zu müssen.

Gerrit-Richard Ranft

Landesfamilienpass

Der Landesfamilienpass mit den zugehörigen Gutscheinen erlaubt Familien mit ständigem Wohnsitz in Baden-Württemberg mehr als zwei Dutzend kostenlose oder wenigstens im Preis ermäßigte Besuche in den staatlichen Schlössern, Gärten und Museen. Auch zu zahlreichen nichtstaatlichen Einrichtungen gewährt der Familienpass kostengünstig Zutritt.

Der Pass, der jährlich in rund 180 000 Exemplaren ausgegeben wird, steht Familien mit mindestens drei Kindern im Haushalt zu. Auch Alleinerziehende mit mindestens einem Kind, Familien mit einem schwerbehinderten Kind und Familien, die Hartz IV oder Kinderzuschlag beziehen, erhalten den Pass. Ausgestellt wird er kostenfrei in den zuständigen Bürgermeisterämtern, die auch die Gutscheine bereithalten. Der Pass gilt ein Jahr.

Kostenfrei können mit speziell für sie vorgesehenen Gutscheinen jeweils einmal besucht werden: Schloss Heidelberg, Staatsgalerie Stuttgart, Archäologisches Landesmuseum Konstanz, Technoseum Mannheim, Zentrum für Kunst und Medientechnologie Karlsruhe, Kunsthalle Baden-Baden, Badisches Landesmuseum Karlsruhe, Kunsthalle Karlsruhe, Museum für Naturkunde Karlsruhe, Württembergisches Landesmuseum Stuttgart, Museum für Naturkunde Stuttgart, Linden-Museum Stuttgart.

Zwei weitere Gutscheine berechtigen an bestimmten Terminen zum kostenlosen Besuch des Mercedes-Benz- und des Porsche-Museums in Stuttgart.

Ermäßigten Eintritt bieten: Zoologisch-botanischer Garten »Wilhelma« in Stuttgart, »Blühendes Barock« in Ludwigsburg, Deutschordensmuseum Bad Mergentheim, Erlebnispark Tripsdrill, Europapark Rust, Ravensburger Spieleland, SEALIFE in Konstanz. Vier Gutscheine erlauben den mehrfachen Besuch weiterer Schlösser, Gärten und Museen. Auf »www.sm.baden-wuerttemberg.de/de/landesfamilienpass/80806.html« stehen zwei umfangreiche Listen als PDF-Datei zur Verfügung.

Ostalbkreis

»Hört, ihr Herrn ...«

An manchen Abenden tönt der Ruf des **Nachtwächters** durch Altstadtgassen, als sei das Mittelalter noch immer nicht zu Ende. Tatsächlich sind die Wächter der Nacht wieder unterwegs. Aber sie bewahren nicht mehr wie vor Jahrhunderten Stadt und Bewohner vor ausbrechender Feuersbrunst und kontrollieren auch nicht, ob die Löschwasserbehälter vor den Türen ordnungsgemäß gefüllt sind. Moderne Nachtwächter sind Gästeführer, die Besucher durch die nächtliche Stadt geleiten. Zahlreiche Stationen gehen sie ab und singen immer mal wieder ihren Stundenruf »Hört, ihr Herrn, und lasst euch sagen ...«. Sie tauchen in die Geschichte der Stadt ein, plaudern darüber, was früher war, erzählen von der verantwortungsvollen Aufgabe ihrer Vorgänger. Sechzig Minuten dauert ein Rundgang. Viel Fachwerk säumt die Sträßchen und Plätze, die zur Nacht ganz anders wirken als bei Tageslicht.

■ ***Ö:*** *Mai–September Freitag, Samstag 21 Uhr;* ***L:*** *Marktplatz 2;* ***K/R:*** *Ja;* ***T:*** *(0 73 61) 52 23 58; www.aalen.de*

Das **Limesmuseum** schildert das Leben längs der römischen Reichsgrenze Limes im 2. Jahrhundert. Die Funde stammen aus dem Kastell Aalen und dem wenig nordöstlich gelegenen Rainau-Buch. Ein Zinnfiguren-Diorama stellt Ereignisse am Limes nach.

■ ***Ö:*** *Dienstag–Sonntag 10–17 Uhr, kostenlos nur mit Landesfamilienpass;* ***L:*** *St.-Johann-Straße 5;* ***K/R:*** *Ja;* ***T:*** *(0 73 61) 5 28 28 70; www.museen-aalen.de*

Auf dem Aalener Hausberg Langert steht der 26 Meter hohe **Aussichtsturm Aalbäumle** mit Blick über die Aalener Bucht, die Täler von Rems und Kocher, die Ellwanger Berge und die Heidenheimer Alb.

■ ***Ö:*** *Mitte April bis Ende Oktober sonn- und feiertags bewirtschaftet 9–19 Uhr (bei guter Witterung);* ***P:*** *Limes-Thermen;* ***T:*** *(0 73 61) 96 44 29; www.aalbaeumle.de*

Tal der Stille

Der **Walderlebnispfad WeiterWeg** ist gleichzeitig Kunstpfad und Besinnungsweg. Als Rundkurs führt er an zehn Stationen entlang, die dazu anregen sollen, über wesentliche Fragen des Lebens nachzusinnen. An jeder Station ist zu diesem Zweck ein Kunstwerk aufgebaut. Sie tragen Namen wie »Tal der Stille«, »Großer Tisch des Friedens«, »Teich«, »Himmelsleiter«, »Leitplanken des Lebens«. Zu jeder Station und jedem Kunstwerk gehören Schautafeln, die allgemeine Lebensweisheiten, aber auch Schriftsätze christlichen Inhalts wiedergeben. Die Breite des Wegs wechselt zwischen den Stationen. Damit soll die Aufmerksamkeit für die Natur verstärkt werden. Als reine Gehzeit für die fünf Kilometer lange Runde gelten anderthalb Stunden. Die Schöpfer des WeiterWegs empfehlen jedoch, sich auf zweieinhalb oder gar drei Stunden einzulassen. Eingerichtet hat den WeiterWeg die »Graf von Pückler und Limpurg'sche Wohltätigkeitsstiftung«, die der Förderung der evangelisch-kirchlichen Arbeit in Baden-Württemberg dient. Der WeiterWeg weist drei Varianten aus: A = Rundwanderweg, B = Kinderwagenweg, C = Weg für Menschen mit Einschränkungen.

■ ***P:*** *»WeiterWeg« an der Straße Schönberg–Rotenhar;* ***K/R:*** *Ja; www.naturpark-sfw.de*

Am nordöstlichen Ortsrand liegt in idyllischer Einsamkeit ein **Naturbadesee**. Das Wasser des kleinen Stausees diente einst dem Antrieb einer Mühle. Umkleidekabinen und ein Kiosk sind vorhanden. Die DLRG-Ortsgruppe betreut den Badebetrieb. Rund 300 Meter nordöstlich des Sees beginnt der Walderlebnispfad »Tännli« mit zehn Stationen – darunter »Baumhoroskop«, »Waldkugelbahn«, »Märchenwald«, »Geschichte des Weihnachtsbaums«.

■ ***K/R:*** *Ja; »Tännli« als PDF-Datei ausdrucken; www.gschwend.de*

120 Quadratmeter Bild

Den gesamten Kapitelsaal der ehemaligen Benediktinerabtei Lorch nimmt ein einziges gut 120 Quadratmeter großes **Rundbild** ein. Der Lorcher Künstler Hans Kloss hat es in fast fünfjähriger Arbeit mit überschäumendem Einfallsreichtum gezeichnet und ausgemalt. Rund 1200 Menschen- und mehr als 600 Tiergestalten beleben das Kolossalbild. In teils grellbunten Farben schildert Kloss die Geschichte des schwäbischen Herzogs- und Kaisergeschlechts der Staufer – von seinem Aufstieg, der im frühen 11. Jahrhundert im nahegelegenen Wäscherschloss begann, über seine Höhepunkte mit den Kaisern Friedrich Barbarossa und Friedrich II. bis zum Ende auf dem Marktplatz von Neapel, auf dem der sechzehnjährige Thronfolger Konradin im Oktober 1268 hingerichtet wurde. Herzog Friedrich I. von Schwaben hatte Kloster Lorch 1102 als Familiengrablege gestiftet.

■ ***Ö:*** *April–Oktober täglich 10–18 Uhr, November–März täglich 10–17 Uhr, kostenlos nur mit Landesfamilienpass;* ***P:*** *Am Kloster;* ***K/R:*** *Ja;* ***T:*** *(0 71 72) 92 84 97; www.kloster-lorch.de*

Am Klostereingang steht ein rekonstruierter römischer **Wachturm**. Dort knickte vor fast 2000 Jahren der Limes, die Grenze des römischen Weltreichs, fast rechtwinklig nach Osten ab. Lorch bildete einen markanten Punkt des obergermanischen und des rätischen Limes. Schautafeln erläutern das »Weltkulturerbe Limes«.

■ ***P:*** *Am Kloster; www.stadt-lorch.de*

Unterhalb der Schelmenklinge im Götzental unterhält die Lorcher Ortsgruppe des Schwäbischen Albvereins von Frühjahr bis Herbst ein Dutzend vom Wasser angetriebene **Modellbauten** – darunter ein Ölbohrgerät, ein Hammerwerk, zwei Karussells, eine Kirche mit sich drehender Turmkuppel, ein Riesenrad.

■ ***P:*** *Götzenmühle, 1 km zu Fuß;* ***K:*** *Ja;* ***R:*** *Nein;* ***T:*** *(0 71 72) 64 08; www.schelmenklinge.de*

Baden mit den alten Römern

Das **Erholungsgebiet Rainau-Buch** setzt sich aus einem rund 27 Hektar großen Stausee mitsamt seinen Uferanlagen und den konservierten Grundmauern mehrerer römischer Gebäude aus dem 2. Jahrhundert zusammen. Zu den Freizeitangeboten am Westufer des dem Hochwasserschutz im Jagsttal dienenden Rückhaltebeckens gehören eine große Liegewiese mit Spielgelände, Bolzplatz, Aussichtspunkt, Ruhebänken und drei Grillstellen. Sport- und Badebetrieb herrscht am 150 Meter langen Sandstrand und auf einem Beachvolleyballfeld. Auf dem Wasser fahren Segel-, Tret- und Ruderboote. Ein strandnaher Bereich gehört den Surfern. Am oberen Ende des Stausees finden Spaziergänger, Angler und Naturbeobachter einsame Plätzchen. Ein fünf Hektar großes, dem Rückhaltebecken vorgelagertes Biotop darf als Natur- und Vogelschutzgebiet nicht betreten werden. Ein Wanderweg führt um den 1300 Meter langen und bis zu 220 Meter breiten See herum.

■ ***P:*** *An der Freizeitanlage;* ***K/R:*** *Ja; Kioskbetrieb zur Badesaison;* ***T:*** *(0 79 61) 9 00 20; www.rainau.de*

Im Erholungsgebiet liegt der **Limes-Park** mit den konservierten Grundmauern eines Römerbads und den Fundamenten weiterer Gebäude.

Auf der Höhe westlich dieser Anlage wurde das Tor eines Römerkastells teilweise rekonstruiert. Die einstigen Umfassungsmauern sind im Gelände mit Buschwerk markiert. Schautafeln erläutern die Anlage.

■ ***K:*** *Ja;* ***R:*** *Nein; www.rainau.de*

Am Parkplatz östlich von Rainau-Schwabsberg beginnt ein elf Kilometer langer **Limes-Rundwanderweg**. Er führt an der einstigen römischen Reichsgrenze entlang zum konservierten »Limestor« in Dalkingen und zu einem rekonstruierten römischen Wachturm.

■ ***Ö:*** *Limestor Dalkingen, Samstag, Sonn- und Feiertag, Mittwochabend;* ***P:*** *Östlich Schwabsberg, 750 m zu Fuß oder 150 m nordöstlich des Wachturms; Schlüssel zum Wachturm im Rathaus Schwabsberg; www.rainau.de*

Gmender Gassafetza

Seit 1984 fallen einmal jährlich die **Schrägtonmusiker** in Schwäbisch Gmünd ein. Am ersten Februarwochenende blasen und trommeln, tröten und hämmern, trompeten und wummern gut zwei Dutzend Guggenkapellen in der historischen Altstadt. Mehr als achthundert Schrägtonmusiker mit Pauken und Trompeten, mit Posaunen, Trommeln, Trillerpfeifen, mit Waschbrettern, Büchsen, Heizungsrohren strömen in Deutschlands älteste Stauferstadt. Sie kommen aus der Schweiz, wo die »Guggemusig« erfunden wurde, aus dem Fürstentum Liechtenstein und dem deutschen Süden. Sie heißen »Bloos-Arsch« und »Gmender Gassafetza«, »Räbedibäms«, »Plunderhüüsler« und »Oschtalb Ruassgugga«, »Lörracher Nodefetzer« und »Kalkstoi Gugga«. Gassen, Plätze, Innenstadtlokale sind erfüllt von schräger Musik – je lauter, je schöner, je lieber – und gefüllt mit Tausenden von Besuchern. Die Krone des »Festivals der schrägen Töne« bilden die phantastischen Kostüme der Guggemusiker.

■ ***Ö:*** *1. Februarwochenende;* ***K/R:*** *Ja;* ***T:*** *(0 71 71) 6 03 42 50; www.schwaebisch-gmuend.de*

Der zweieinhalb Kilometer lange **ErlebnisWaldpfad Naturatum** führt als Rundkurs durchs Waldgebiet Taubental. An zwanzig Stationen wird über den Wald berichtet. Ein Barfußpfad ist dabei, ein Labyrinth und ein Geschicklichkeitspfad. An allen Stationen kann mitgemacht, etwas ausprobiert und unternommen werden.

■ ***P:*** *Taubentalstraße;* ***K/R:*** *Nein; www.schwaebisch-gmuend.de*

Das römische **Kastellbad Schirenhof** wurde Mitte des 2. Jahrhunderts angelegt und mehrmals erweitert. Seinen größten Ausbau hatte es mit 50 Metern Länge und 25 Metern Breite ums Jahr 200. Um 233 wurde das Bad verkleinert, um 248 aufgegeben. Die Grundmauern sind konserviert. An einem Modell wird der einstige Badebetrieb erläutert.

■ ***L:*** *Am Schirenhof;* ***K/R:*** *Ja; www.schwaebisch-gmuend.de*

Landkreis Böblingen

Seilerei im Hopfenhaus

Der Aidlinger Sägemüller Heinrich Wintter baute sich 1881 auf dem Gelände seiner Brettermühle ein Hopfentrockenhaus. In diesem vier Stockwerke hohen Baudenkmal ist seit seiner Sanierung im Jahr 1987 das **Heimatmuseum Hopfenhaus** eingerichtet. Ausgestellt sind landwirtschaftliche Geräte, Handwerksbetriebe und Maschinen. Im Erdgeschoss und im ersten Obergeschoss werden Geräte aus Aidlingen und Lehenweiler aus vorindustrieller Zeit gezeigt, darunter auch zum einstigen Hopfenanbau in der Gemeinde. Das zweite Obergeschoss beherbergt die Ostdeutsche Heimatstube mit Trachten und Handwerksgerät aus den einst deutschen Siedlungsgebieten. Im dritten Obergeschoss ist eine historische Seilerei aufgebaut. Auch Einrichtungsgegenstände von Handwerksbetrieben aus der Batschka und dem Böhmerwald werden gezeigt.

■ *Ö: Nach Vereinbarung;*
L: Brettergässle 6; K/R: Nein;
T: (0 70 34) 1 25 81 oder 55 58;
www.aidlingen.de

Der **Heckengäuerlebnispfad** berührt alle vier Ortsteile Aidlingens. Die zwanzig Kilometer lange Rundwanderung kann in jedem Ortsteil begonnen und auch abschnittsweise gegangen werden. Auf 26 Schautafeln werden die Landschaft des Heckengäu und kulturhistorische Besonderheiten erläutert. Wenige Schritte abseits liegen ein Bodenlehrpfad, ein Sinnesspielplatz und ein Niederseilparcours.

■ *L: Hauptstraße 6;*
K/R: Nein; T: (0 70 34) 12 50;
www.aidlingen.de

Das **Heimatmuseum** im ehemaligen Rat- und Schulhaus im Ortsteil Dachtel enthält Geräte aus der Landwirtschaft und Werkzeug aus heute nicht mehr ausgeübten Handwerksberufen. In einer Schulstube werden Bücher, Hefte und Schulinventar einer einklassigen Schule gezeigt.

■ *Ö: Nach Vereinbarung;*
L: Deufringer Straße 16;
K/R: Nein; T: (0 70 32) 28 76 27;
www.aidlingen.de

Schlacht von Böblingen

In einem Großdiorama mit mehr als 1200 Zinnfiguren wird im **Deutschen Bauernkriegsmuseum** die Schlacht von Böblingen nachgestellt. Am 12. Mai 1525 waren aufständische Bauern trotz ihrer zahlenmäßigen Überlegenheit von dem geharnischten und teilweise berittenen Heer des Georg Truchsess von Waldburg-Zeil, genannt der Bauernjörg, vernichtend geschlagen worden. Mehr als 3000 Aufständische fanden den Tod. Das Museum zeigt außerdem zeitgenössische Flugblätter, Flugschriften und Einblattdrucke sowie Waffen und Rüstungen. Ausgestellt sind auch der Nachbau einer Gutenberg-Presse sowie Darstellungen und Gerätschaften aus dem bäuerlichen Lebensalltag.

■ ***Ö:** Mittwoch–Freitag 15–18 Uhr, Samstag 13–18 Uhr, Sonn- und Feiertag 11–17 Uhr, kostenlos für Schüler, Studenten, Schwerbehinderte und mit Landesfamilienpass sowie für alle am 1. Sonntag im Quartal; **L:** Pfarrgasse 2; **K/R:** Nein; **T:** (0 70 31) 6 69 17 05; www.boeblingen.de*

Das **Deutsche Fleischermuseum** zeigt Gerätschaften und Handwerkszeug der Fleischer und Metzger, auch Zunftfahnen, Pokale, Zunftladen, Prunk- und Trinkgefäße, Siegel und Petschaften. Ein Fleischerladen um 1900 und eine Wurstküche von 1860 sind eingerichtet. Modelle zeigen Läden des 14. bis 19. Jahrhunderts.

■ ***Ö:** Wie Bauernkriegsmuseum; **L:** Marktplatz 27; **T:** (0 70 31) 6 69 16 91; www.boeblingen.de*

Das **Meilenwerk** ist Treffpunkt der Freunde von Oldtimern und Liebhaberfahrzeugen. In 56 verglasten Einstellboxen sind außergewöhnliche Privatfahrzeuge wie in einem Museum zu besichtigen. Weitere hundert Fahrzeuge der Luxusklasse sind in Verkaufshallen ausgestellt.

■ ***Ö:** Montag–Samstag 8–20 Uhr, Sonn- und Feiertag 10–20 Uhr; **L:** Graf-Zeppelin-Platz; **K/R:** Ja; **T:** (0 70 31) 30 69 40; www.meilenwerk.de*

Von Wärme und Kälte

Kälte und Wärme und ihre Nutzungsgeschichte stehen im Mittelpunkt des 2009 in der ehemaligen Pfarrscheuer eröffneten **Museums Heiß – Kalt.** Auf fünf Stockwerken mit vierzehn Stationen wird der vor Jahrzehnten von der Familie Dongus entwickelte Leimofen im Schema des damaligen Werbeprospektes beschrieben. Die Ausstellung setzt im Untergeschoss mit dem Eiskeller und dem Wandel der Vorratshaltung ein. Die Eingangszone zeigt den Beginn der Mechanisierung in Landwirtschaft und Handwerk. Das Obergeschoss inszeniert Heizungs- und Warmwasseranlagen, das erste Dachgeschoss die Schnapsherstellung vom Einmachen bis zum Schockgefrieren. Im zweiten Dachgeschoss sind die bäuerlichen Vereine und Genossenschaften des Ortes dokumentiert. Im Museum rattern mehrere Maschinen, und Schaufensterpuppen drehen sich im Kreis.

■ *Ö: 4. Sonntag im Monat 14–17 Uhr; L: Berghütte 9; K/R: Nein; T: (0 70 56) 77 23 11; www.deckenpfronn.de*

Das **Museum Altes Dorf** in der historischen Zehntscheuer zeigt auf 140 Quadratmetern die Dauerausstellung »Arm – Reich«. Sie bildet – über beide Dachgeschosse verteilt – eine sozialkritische Dokumentation der Lebensverhältnisse auf dem Dorf zwischen 1850 und 1950. Im ersten Stockwerk werden – vor allem mit Fotos – der Aufstieg Deckenpfronns, sein Untergang am Ende des Zweiten Weltkriegs und sein Wiederaufbau dargestellt. Das zweite Dachgeschoss enthält neben anderem eine komplette Schuhmacherwerkstatt. Über eine Wendeltreppe gelangt der Besucher schließlich in die Werkstatt eines Malermeisters und in einen Tante-Emma-Laden.

■ *Ö: 4. Sonntag im Monat 14–17 Uhr, 1. Freitag im Juli: Lange Museumsnacht; L: Herrenberger Straße 23; K/R: Nein; T: (0 70 56) 77 23 11; www.deckenpfronn.de*

Sandbauer und Hufschmied

Ein kleines **Museumsensemble** mit einer Gips- und Sandmühle von 1799 und einer ehemaligen Schmiede hält das Wissen um zwei Lebens- und Arbeitsbereiche früherer Generationen lebendig. Schon 1988 war die renovierte Sandmühle als Museum eröffnet worden. Ihr folgte achtzehn Jahre später die »Alte Schmiede«. Beide Einrichtungen vermitteln ein anschauliches Bild zu zwei Teilaspekten des Dorflebens vergangener Jahrhunderte. Der Hufschmied versah ein für die Gemeinschaft bedeutsames Handwerk. Er führte nicht nur den Hufbeschlag der Pferde aus, sondern stellte auch allerlei Werkzeuge und Gerätschaften her, die auf dem Dorf benötigt wurden. Die Gips- und Sandbauern machten mit dem großen rollenden Mahlstein aus groben Steinbrocken feines Material, das im Hausbau eingesetzt und zum Scheuern der Fußböden verwendet wurde. Beide Berufsfelder sind innerhalb nur weniger Jahrzehnte von modernen Entwicklungen abgelöst worden. Nur die kleine Museumswelt sichert – unterstützt von einer kurzen Videovorführung – das Wissen um diese Vergangenheit.

■ ***Ö:*** *April–Oktober, letzter Sonntag im Monat 10.30–12 Uhr;* ***L:*** *Hildrizhauser Straße 5;* ***K/R:*** *Ja;* ***T:*** *(0 70 34) 2 10 94; www.gaertringen.de*

In der **Galerie im Rathaus** bietet Gärtringen Künstlern der Region Gelegenheit, ihre Arbeiten auszustellen. Foyer und Flure eignen sich gut für die Präsentation von Gemälden, Zeichnungen, Fotos, weniger für Skulpturen und Plastiken. Je nach Format können zwischen dreißig und vierzig Bilder gehängt werden. Der Zuspruch ist lebhaft, so dass ständig Kunst im Rathaus zu besichtigen ist.

■ ***Ö:*** *Montag–Freitag 8.30–12 Uhr, Donnerstag zusätzlich 14–18.30Uhr; Rohrweg 2;* ***K/R:*** *Ja;* ***T:*** *(0 70 34) 92 31 06; www.gaertringen.de*

Tulpenbaum und Speierling

Hundert Bäume und Sträucher der unterschiedlichsten Arten wachsen in dem 1980 im Haslacher Wald vom Rotary Club Nagold-Herrenberg angelegten **Arboretum**. In der Baumsammlung finden sich außer heimischen Waldbäumen und -sträuchern zahlreiche Arten aus dem Mittelmeerraum, aus Vorderasien, aus China, Japan und dem nordamerikanischen Kontinent. Eine Augenweide bildet in Wachstum und Höhe, aber auch in ihrer Formschönheit, eine eindrucksvolle Gruppe von Mammutbäumen. Auch der Tulpenbaum mit seinen sonderbaren Blüten ist vertreten, ebenso der Urweltmammutbaum aus China. Von besonderem Reiz ist, in dieser Baumsammlung Tannen-, Kiefern- und Fichtenarten zu unterscheiden, die nahe Verwandtschaft von Speierling, Els-, Mehl- und Vogelbeere zu studieren oder gar Äpfel mit Birnen zu vergleichen. Eine Orientierungstafel zeigt die Standorte der einzelnen Arten an.

■ ***P:*** *»Schulmeisterbuche« am Waldrand Nagolder Straße, 15 Minuten Fußmarsch;* ***K/R:*** *Ja (für Sportliche); www.herrenberg.de*

Zu 23 Bauten führt der **Fachwerkpfad** in einer der schönsten Fachwerkstädte Baden-Württembergs. Zwar sind im Stadtbrand von 1635 die meisten mittelalterlichen Häuser verloren gegangen. Dennoch weist Herrenberg fast die ganze Palette südwestdeutschen Fachwerkstils vom 15. bis 19. Jahrhundert auf. Tafeln an den Gebäuden beschreiben typische Eigenheiten.

■ ***K:*** *Ja;* ***R:*** *Nein; Prospektautomat am Marktplatz; www.herrenberg.de*

Gut fünfzig kostenlose **Stadtführungen** gelten der Stiftskirche, ihrem Chorgestühl und ihren Bildern, zeigen Herrenberg bei Nacht oder am Muttertag. Fünfeinhalbstündige Wanderungen rund um Herrenberg stehen im Programm, auch Stadtführungen für Kinder.

■ ***Ö:*** *Meist Samstag und Sonntag;* ***K/R:*** *Teilweise;* ***T:*** *(0 70 32) 9 24-3 20 oder -2 24, Prospektautomat am Marktplatz; www.herrenberg.de*

Lustgarten der Herzogin

Der **Pomeranzengarten** am Leonberger Schloss ist einer der wenigen fast original erhaltenen Renaissance-Gärten in Deutschland. Herzog Johann Friedrich von Württemberg ließ ihn 1609 für seine verwitwete Mutter Sibylla als Lustgarten nach italienischem Vorbild anlegen. Den Entwurf lieferte der herzogliche Hofbaumeister Heinrich Schickhardt. Die Terrassenanlage ist in zwei gleiche Teile gegliedert, die mehrfach geometrisch unterteilt und symmetrisch aufeinander bezogen sind. In dem zierlichen, dennoch aber reichhaltigen Gärtlein wachsen außer der Pomeranze mit ihren stark duftenden Blüten eine Vielzahl an Blumen, dazu auch Duft-, Gewürz- und Heilpflanzen. Ein plätschernder Brunnen und zahlreiche Ruhebänke gehören dazu. Die Pomeranze ist eine Bitterorange aus der Kreuzung von Pampelmuse und Mandarine. Aus ihrer Schale wird Orangeat gewonnen, ein Backgewürz vor allem der Weihnachtsbäckerei.

■ ***Ö:*** *April–September 8–22 Uhr, Oktober–März 8–18 Uhr;* ***K:*** *Ja;* ***R:*** *Nein; www.leonberg.de*

Das **Stadtmuseum** präsentiert in der denkmalgeschützten ehemaligen Lateinschule an der Stadtpfarrkirche auf drei Stockwerken seine stadtgeschichtliche Ausstellung von der Jungsteinzeit bis in die jüngste Vergangenheit. Erinnert wird auch an den Astronomen Johannes Kepler, der in Leonberg die Schule besuchte, und den Philosophen Friedrich Schelling, der in der Stadt geboren wurde.

■ ***Ö:*** *Dienstag–Donnerstag 14–17 Uhr, Sonntag 13–18 Uhr;* ***L:*** *Pfarrstraße 1;* ***K/R:*** *Ja;* ***T:*** *(0 71 52) 9 90 14 22; www.leonberg.de*

Zur Aussichtsplattform des **Engelbergturms,** einem Wasser- und Aussichtsturm aus dem Jahr 1928, führen 123 Stufen. Oben bietet sich vom höchsten Punkt Leonbergs ein umfassender Rundblick von den Bergen um Heilbronn bis in den Schwarzwald.

■ ***Ö:*** *Mai–Oktober (bei gutem Wetter) Sonn- und Feiertag 9–17 Uhr, der Schlüssel zum Turm kann von Gruppen im Alten Leonberger Rat-*

haus nach Vorankündigung auch entliehen werden; ***P:*** *Am Engelberg; www.leonberg.de*

Im Leonberger Stadtteil Warmbronn wurde im Jahr 2003 der **Christian-Wagner-Dichterpfad** eröffnet. Ausgangspunkt des zweistündigen Rundgangs ist das Museum in Wagners Geburtshaus, die weitere Wegmarkierung ein schwarzes »W« auf gelbem Grund. Der Pfad führt über elf Lesestationen mit Gedichten Wagners. Der dichtende Bauer wurde 1835 als Sohn eines Schreiners und Landwirts in Warmbronn geboren. Nach dem frühen Tod des Vaters übernahm er 1866 den elterlichen Hof. Im Winter arbeitete er als Tagelöhner und Holzfäller. Während der Feldarbeit beobachtete er Tiere und Pflanzen. Seine Gedichte und Prosatexte sind in Sammlungen wie »Sonntagsgänge«, »Weihgeschenke« und »Ein Blumenstrauß« veröffentlicht. Für den Band »Gedichte« hat Nobelpreisträger Hermann Hesse ein werbendes Vorwort verfasst. Wagner ist 1918 an seinem Geburtsort gestorben.

■ ***Ö:*** *Museum geöffnet Sonntag 11–13 Uhr;* ***K/R:*** *Nein, Broschüre zum Pfad in Museum, Sparkasse und Volksbank;* ***L:*** *Christian-Wagner-Straße 3;* ***T:*** *(0 71 52) 94 90 94; www.cw.gesellschaft.de*

Schon 1970 eröffnete der Diplomingenieur Julius Neumann im Leonberger Stadtteil Höfingen eine von ihm selbst erbaute **Sternwarte**. Sie ging 1987 in den Besitz des Arbeitskreises Sternwarte des Höfinger Heimatvereins über, wurde aber 1989 durch einen Brand völlig zerstört. Mit Hilfe privater Spenden und mit Unterstützung der Stadt baute der Arbeitskreis am alten Standort eine neue Sternwarte auf, die im Oktober 1991 eröffnet wurde. Sie besitzt Beobachtungsgeräte mit Brennweiten zwischen 400 und 3400 Millimetern und ein mobiles Teleskop.

■ ***Ö:*** *Im Winter Freitag 20 Uhr, im Sommer bei Einbruch der Dunkelheit, 1. Sonntag im Monat 14 Uhr Sonnenbeobachtung;* ***L:*** *Uhlandstraße (am äußersten Ende);* ***K/R:*** *Nein;* ***T:*** *(0 71 52) 92 98 90; www.sternwarte-hoefingen.de*

Himmelbett im Stadtmuseum

Das **Stadtmuseum** ist im Alten Rathaus von 1470 und im angrenzenden Salzhaus von 1592 eingerichtet. Außer Mineralien, Fossilien und archäologischen Funden von der Steinzeit bis zum Mittelalter gehören vor allem Zeugnisse zur Stadtgeschichte und zur lokalen Bautradition zum Bestand. Die Dauerausstellung zeigt außerdem Gegenstände aus der Martinskirche sowie Urkunden und Bilder zur Geschichte des ehemaligen Stifts. Eine holzvertäfelte und bemalte Wohnstube aus Breitenstein im Schönbuch und eine Schlafkammer mit Himmelbett bewahren ländliche Wohnkultur vergangener Zeiten. Diese Objekte werden ergänzt um landwirtschaftliche Arbeitsgeräte sowie Werkzeuge und Erzeugnisse des vorindustriellen Handwerks.

■ ***Ö:*** *Dienstag–Samstag 15–18 Uhr, Sonntag, Feiertag 10–12 und 14–17 Uhr;* ***L:*** *Lange Straße 13;* ***K/R:*** *Nein;* ***T:*** *(0 70 31) 9 43 57; www.sindelfingen.de*

Das **Webereimuseum** erinnert an Sindelfingens Zeit als Zentrum der württembergischen Handweberei. Schwerpunkt ist die soziale Lage der Hausweber, die zugleich Landwirtschaft und Weberei betrieben. Webstühle, Textilien, Musterzeichnungen, Dokumente und Pläne vermitteln ein Bild der Sindelfinger Weberei.

■ ***Ö:*** *Freitag–Sonntag, Feiertag 15–18 Uhr;* ***L:*** *Corbeil-Essonnes-Platz 4;* ***K/R:*** *Nein;* ***T:*** *(0 70 31) 9 43 57; www.sindelfingen.de*

Seit dem Jahr 1970 bewahrt das **Haus der Donauschwaben** eine Sammlung donauschwäbischen Kulturguts. Die Ausstellung widmet sich der verlorenen Heimat und dem Thema »Flucht und Vertreibung«. Schmuckstück ist die mit Originalmöbeln eingerichtete Donauschwäbische Stube.

■ ***Ö:*** *Montag–Freitag 9–12 und 14–16 Uhr;* ***L:*** *Goldmühlestraße 30;* ***K/R:*** *Nein;* ***T:*** *(0 70 31) 7 93 76 30; www.sindelfingen.de*

Der **Hexenpfad** führt durch Sindelfingens Altstadt zu Stationen, die mit den Hexenverfolgungen im 16. und 17. Jahrhundert in Verbindung stehen. Der Rundgang beginnt am Alten Rathaus, in dem das mit zwölf Männern besetzte Gericht die Prozesse führte und die Urteile sprach. Ob das »Haus am Hexensprung« mit den Verfolgungen zu tun hat, ist zweifelhaft. Gesichert ist, dass an Station 3 das Wohnhaus der 80-jährigen »Hexe« Barbara Breuninger stand. Der Weg führt zum ehemaligen Oberen Stadttor, in dessen Turm die »Hexen« verhört und gefoltert wurden, zum einstigen Diebsturm, in dem sie gefangen gesetzt waren. Schautafeln an den einzelnen Stationen erklären, was dort einst geschah. In Sindelfingen, das im 17. Jahrhundert nur etwa 1400 Einwohner zählte, wurden zwischen 1563 und 1616 mindestens sechzehn Frauen als »Hexen« verurteilt und verbrannt.

■ ***L:*** *Marktplatz 1;*
K/R: *Ja;* ***T:*** *(0 70 31) 9 43 25;*
www.sindelfingen.de

Die **Galerie der Stadt** wurde 1990 in neuen, vom Berliner Architekten Joseph Paul Kleihues entworfenen Räumen eröffnet. Einschließlich der 1986 erworbenen Sammlung des Lütze-Museums betreut die Galerie rund 1200 Werke süddeutscher Kunst von 1870 bis zur Gegenwart. Damit leistet sie einen breit gefächerten Überblick über Malerei, Zeichnung, Druckgrafik und Skulptur des 20. Jahrhunderts. Die Galerie unterhält auch die Plastiken, Skulpturen und Installationen im öffentlichen Raum der Stadt. Die Galerie im Alten Rathaus Maichingen ist eine Art Experimentierplattform der Städtischen Galerie.

■ ***Ö:*** *Galerie, Montag–Freitag 10–18 Uhr, Samstag, Sonn- und Feiertag 10–17 Uhr;* ***L:*** *Marktplatz 1;* ***K/R:*** *Ja; www.sindelfingen.de*

■ ***Ö:*** *Altes Rathaus Maichingen, Samstag–Sonntag 11–16 Uhr;* ***L:*** *Sindelfinger Straße 14;* ***K/R:*** *Nein;* ***T:*** *(0 70 31) 9 43 92; www.sindelfingen.de*

Heimat der SchokoQuadrate

»Quadratisch – praktisch – gut« ist als einprägsamer Werbespruch für eine Schokolade aus Waldenbuch um die Welt gegangen. Die **SchokoAusstellung** im »Ritter Sport SchokoLaden« lehrt, woher der Kakao stammt und wie ein Kakaobaum aussieht, wie der Joghurt in die Tafel kommt und wer die quadratische Schokolade erfunden hat. Es ist ein von kurzen Filmen unterstützter Blick hinter die Kulissen. Mit Sehen, Hören, Riechen, Schmecken und Fühlen, mit allen Sinnen also, lernt der Schokoladenfreund, wie die SchokoQuadrate entstehen. Interaktiv und Schritt für Schritt wird erklärt, wie aus der Kakaobohne die Tafel Schokolade wird. Zusätzlich gibt es ein Quiz für Kinder und Erwachsene, das in die weite Welt der Schokolade einführt.

■ ***Ö:** Montag–Freitag 8–18.30 Uhr, Samstag 9–18 Uhr, Sonn- und Feiertag 11–18 Uhr; **L:** Alfred-Ritter Straße 27; **K/R:** Ja; SchokoAusstellung für alle frei, Kunstsammlung Museum Ritter nebenan bis 18 Jahre frei; **T:** (0 71 57) 9 77 04; www.museum-ritter.de*

Der anderthalb Kilometer lange **Stadtlehrpfad** schlängelt sich über 22 Stationen durch Waldenbuch. Er beginnt am Alten Rathaus von 1575, einst das »Gasthaus zum Rappen«, in dem schon Goethe, Schiller und Uhland Gäste waren. Zur Stadtkirche führt er, zum Schloss, zu einem Stück Stadtmauer, zum Museum Ritter und zur SchokoAusstellung.

■ ***K/R:** Nein; **T:** (0 71 57) 1 29 30; www.waldenbuch.de*

Der **Waldlehrpfad** Bezenberg führt als 3500 Meter langer Rundweg durch Geschichte, Geologie, Flora und Fauna des Waldgebiets Schönbuch. Auf mehreren Schautafeln werden auch wichtige Siedlungsepochen und Flurnamen erläutert. Am Weg liegen eine Grillstelle und ein Spielplatz.

■ ***P:** Wanderparkplatz Bezenberg auf Höhe Burckardtsmühle; **K:** Ja (für Sportliche); **R:** Nein; www.waldenbuch.de*

Nachts im Turmverlies

Jeden zweiten Freitagabend ziehen Manfred Nittel und Gerd Diebold als **Nachtwächter** durch die Altstadtgassen. Seit 2002 lassen sie eine Tradition wiederaufleben, die in dem Städtchen im Heckengäu schon im 13. Jahrhundert bestand und erst 1949 mit dem letzten Nachtwächter und Ausscheller Franz Schöninger zu Ende ging. Allerdings ist der Nachtwächter heute nicht mehr Hüter von Sicherheit und Nachtruhe der Bürger. Als Gästeführer spaziert er zu ungewöhnlicher Stunde durch Gassen und Winkel. Zwei Stunden lang führen sie mit Hellebarde, Horn und Laterne durch die Nacht, erzählen Verwunderliches, auch Gruseliges aus vergangenen Zeiten. Die Stadtmauer wird begangen, das Verlies im Roten Turm besucht.

■ *Ö: April–Oktober Freitag in »geraden« Wochen; L: Rathausarkaden; K/R: Nein; T: (0 70 33) 3 46 43, Manfred Nittel; T: (0 70 33) 13 77 38, Gerd Diebold; umsonst nur für Kinder, Erwachsene zahlen 2,50 Euro; www.weil-der-stadt.de*

Das **Narrenmuseum** in einem denkmalgeschützten ehemaligen Kaufladen zeichnet im Untergeschoss die Geschichte der Fasnet am Ort nach. Eine Etage höher stellen lebensgroße Maskengruppen die heutige Fasnet nach. Gezeigt wird auch, wie Larven entstehen und Umzugswagen gebaut werden.

■ *Ö: 1. und 3. Sonntag im Monat 13–17 Uhr; L: Stuttgarter Straße 60; K/R: Nein; T: (0 70 33) 29 10; www.narrenzunft-aha.de*

In **Meisterin Evas Puppenstube** sind sechzig handgeschnitzte Hohensteiner Kasperlepuppen ausgestellt, gestiftet vom Puppenspieler Rudolf Karl. Seine Ehefrau Eva hat die Kostüme geschneidert und jede Puppe zum Unikat gemacht.

■ *Ö: 1. und 3. Sonntag im Monat 13–17 Uhr; L: Hinter Gasthof »Rössle«; K/R: Nein; T: (0 70 33) 30 43 47; www.weiler-clowns.de*

Landkreis Calw

Erlebnisnacht im Kurpark

Den **Kurpark** prägen mächtige alte Bäume, der Kurparksee mit Fontäne und natürlich die Nagold, die am östlichen Rand dahinfließt. Am Südende des Parks bildet ein Planetenweg das Sonnensystem nach. Schautafeln erläutern, wie das Weltall entstand, machen seine ungeheure Weite vorstellbar, beschreiben die Gestirne. Gegenüber liegt jenseits der Nagold ein Apothekergarten

mit 160 Pflanzenarten von A wie Adonisröschen bis Z wie Zaunrübe. Sie sind nach ihren Anwendungsgebieten sortiert. Im Jahr 2003 wurde die Anlage um einen Duft- und Tastgarten für Blinde und Sehbehinderte erweitert. Die Pflanzen sind in Griffhöhe angeordnet und in Blindenschrift

erklärt. In der Trinkhalle am Eingang zum Kurpark gibt es einen Schluck Heilwasser, das vor allem der Kariesvorsorge dient. Bei Einbruch der Dunkelheit wird im Kurpark die »Erlebnisbeleuchtung« eingeschaltet. Baumkronen sind farbig angestrahlt. Die Fontäne schimmert goldgelb, die Trinkhalle bläulich. Die Wegbeleuchtung wird nach dem Planetenweg von Bodenstrahlern weitergeführt.

■ ***L:*** *Kurhausdamm 2–4;*
K/R: *Ja;* ***T:*** *(0 70 52) 40 80;*
www.tourismus.bad-liebenzell.de

Ein knapp zehn Kilometer langer **Rundwanderweg** erschließt die urtümliche Landschaft des Monbachtals mit schluchtenbildenden Felswänden, mit Wasserfällen, umgestürzten Baumriesen, plätschernden Bächen – ein kleines Stück Urwald. Wanderkarte im Internet abrufbar.

■ ***L:*** *2 km nordöstlich von*
Bad Liebenzell; ***K/R:*** *Nein;*
www.tourismus.bad-liebenzell.de

Die Liebenzeller Mission unterhält ein völkerkundliches **Museum** unter dem Motto »fremde Kulturen begreifen, Leben neu sehen«. Es vermittelt Einblicke in die Länder, in denen die Mission tätig ist. »Begreifen« vor allem von Kindern ist ausdrücklich gewünscht.

■ ***Ö:*** *Mittwoch, Sonntag*
14.30–16.30 Uhr; ***L:*** *Liobastraße*
16; ***K/R:*** *Ja;* ***T:*** *(0 70 52) 17-1 03;*
www.liebenzell.org

Burgruine überm Städtle

Um 1200 als Stauferburg errichtet, wurde die im Kern romanische **Burg Zavelstein** bis 1630 unter Leitung des württembergischen Hofbaumeisters Heinrich Schickhardt in ein Renaissanceschloss umgebaut. Allerdings zerstörten schon 1692 im Pfälzischen Erbfolgekrieg französische Truppen die gesamte Anlage. Stattliche Reste des Mauerwerks blieben stehen und sind als Ruine am Südostrand des Städtchens Zavelstein erhalten. Zu sehen sind der doppelte Burggraben, die Schildmauer und ein Stück Ringmauer. Der um 1200 errichtete Bergfried ist noch 25 Meter hoch und bietet eine herrliche Aussicht ins Tal der Teinach und hinüber zur Schwäbischen Alb. Bis zur Gemeindereform in der zweiten Hälfte des 20. Jahrhunderts galt der Ort Zavelstein als kleinste Stadt in Württemberg. Heute ist es Teil von Bad Teinach, dem kleinsten Heilbad Baden-Württembergs. Das denkmalgeschützte »Städtle« des einstigen Burgweilers, in das nur eine kurze Straße führt, hat sein ursprüngliches Ortsbild ausnehmend gut bewahrt.

■ *Ö: Turm in der Kursaison begehbar; L: Rathausstraße 5; T: (0 70 53) 9 20 50 40; www.teinachtal.de*

Am Marktplatz in Zavelstein beginnt der **Krokusweg**. An sieben Stationen und drei Schaukästen erläutert er das »Krokuswunder«, das im Frühjahr die Bergwiesen unterhalb der Burgruine mit Hunderttausenden von Blüten des weißen und violetten Frühjahrskrokus übersät. Durchschnittlich wachsen auf einem Quadratmeter zwanzig der Pflanzen. Es können auch mehr als hundert sein. Sie haben den kleinen Ort über seine Grenzen hinaus bekanntgemacht. Die Legende berichtet, die Krokusse seien von den Römern, spätestens aber von den Kreuzrittern aus Italien mitgebracht worden. Belegt ist weder die eine noch die andere Version.

■ *Ö: Krokusblüte März bis Mitte April; P: Am Ortsrand; K/R: Ja*

Wege zu Hermann Hesse

Die Stadtinformation Calw bietet zahlreiche (kostenpflichtige) **Themenführungen** an. Darunter sind Klosterführungen im Stadtteil Hirsau, ein »Fackelspaziergang« durch Calws Altstadt, »Frauenwege« und »Wasser in Calw«. Besucher benötigen nicht in jedem Fall diese Stadtführungen. Manche Strecken lassen sich ganz gut allein bewältigen. Für sie hat die Stadtinformation passende Faltblätter mit Wegbeschreibung und Erläuterungen des Sehenswerten vorbereitet. Sonntags liegen sie am Info-Ständer aus. Calws Touristiker raten vor allem zu den Themenwegen »Stadthistorischer Rundgang«, »Auf den Spuren Hermann Hesses« (30 Cent) und »Calw, die Fachwerkstadt«. Das Bild der Stadt, in der 1877 der Schriftsteller und Nobelpreisträger Hermann Hesse geboren wurde, wird noch immer geprägt von schmalen Gassen, engen Stiegen und viel Fachwerk. »Die Stadt ist ziemlich schön«, notierte 1595 ein Tübinger Gelehrter, »vom Westen sind die Berge so nah, daß man fast einen Stein auf den Marktplatz werfen kann.«

■ *L: Sparkassenplatz 2; K/R: Ja; T: (0 70 51) 16 73 99; www.calw.de*

Anderthalb Dutzend **Wildschweine** suhlen im fünf Hektar großen Gehege auf dem Wimberg. Auf einem Aussichtssteg kommen Besucher

den »Schwarzkitteln« ganz nah. Nebenan liegt ein Grillplatz mit Spielwiese. Am Kloster Hirsau äst Rotwild im dreieinhalb Hektar großen Gehege.

■ *P: Waldparkplatz Zavelsteiner Straße (Schwarzwild), P: Kloster Hirsau (Rotwild); K/R: Ja*

Die **Klosterruine** St. Peter und Paul im Stadtteil Hirsau bewahrt in der 900 Jahre alten Aureliuskirche, dem romanischen Eulenturm, dem gotischen Kreuzgang und der spätgotischen Marienkapelle beachtliche Reste der vom 9. bis 11. Jahrhundert errichteten Benediktinerabtei.

■ *P: Am Kloster; K/R: Nein; www.calw.de*

Sterne zählen in Bieselsberg

Im Schömberger Ortsteil Bieselsberg hat der Astronomische Arbeitskreis Pforzheim (AAP) im Herbst 2003 seine **Sternwarte** in Betrieb genommen. Für den abgelegenen Standort sprach die günstige Lage an einem Südhang in 600 Metern Höhe. Im dünn besiedelten, industriefernen Nordschwarzwald entsteht nachts kaum Streulicht, das die Beobachtungen am nächtlichen Firmament beeinträchtigen würde. Zudem ist die Gegend um Schömberg weithin nebelfrei. Auch ermöglicht der tiefe Südhorizont die Beobachtung extrem südlich gelegener Objekte wie der Sternbilder Schütze, Skorpion und Walfisch. Die Sternwarte besteht aus einem zweigeschossigen Kuppelbau mit 5,50 Metern Durchmesser. Um beste Bildqualität zu erzielen, wird das Kuppelgebäude nicht geheizt, wohl aber ein kleiner Aufenthaltsraum nebenan. Der Arbeitskreis veranstaltet regelmäßig Führungen am Himmelsgewölbe – normalerweise nur abends.

■ ***Ö:*** *2. und 4. Mittwoch im Monat, Oktober–März 20 Uhr, April–September 21 Uhr;* ***P:*** *Kein Parkplatz;* ***K/R:*** *Nein;* ***T:*** *(0 72 35) 30 45; es gibt keine Toiletten; www.aap-pforzheim.de*

Der **Geocache Kleiner Walddrache** ist ausdrücklich für Kinder zwischen sechs und zwölf Jahren entwickelt worden. Auf einem kinderwagentauglichen 3,9 Kilometer langen Rundweg geht es mit GPS-Gerät zur Schatzsuche durch den »Zauberwald«. Eine Runde dauert gut zweieinhalb Stunden. Um die Sache spannend zu halten, gibt es ungewöhnlich viele Fundstellen. Auf die kleinen Schatzsucher warten Fragen zum Wald und zu seinen Bewohnern. Es geht um Kniffliges beim Hören, Fühlen, Wissen. Das Spiel kann auf Geburtstagskinder zugeschnitten werden. Eltern können dazu den großen Final-Behälter vorher mit Geschenken für die Geburtstagsgesellschaft befüllen.

■ ***K/R:*** *Nein;* ***T:*** *(0 70 84) 1 44 41; www.geocaching-schoemberg.de*

Landkreis Esslingen

Schweres Los der Häfner

Im Aichtaler Stadtteil Neuenhaus erinnert das 1967 eröffnete **Häfnermuseum** ans örtliche Töpferhandwerk, dessen Spuren bis ins Jahr 1383 zurückreichen. Die Ausstellung erzählt von der meist bitterarmen Existenz der Häfner, von ihrem fortwährenden Kampf ums Überleben, aber auch von ihrem Gemeinschaftssinn und ihrer Sangesfreudigkeit. Die lokale Geschichte des Töpferhandwerks wird mit Bildern zur Arbeitswelt, mit Produkten und Werkzeugen erläutert. Ausgestellt sind zahlreiche aus Ton gefertigte Gegenstände, auch Kunstwerke, darunter manche Seltenheit. Dem Museum ist eine Häfnerei angegliedert, in der vorgeführt wird, wie aus einem Klumpen Ton mit geschicktem Bearbeiten wie Kneten, Drehen auf der Töpferscheibe, Bemalen und Brennen ein Krug oder ein anderes nützliches Küchengeschirr wird.

■ ***Ö:*** *2. Sonntag im Monat 10–18 Uhr;* ***L:*** *Mozartstraße 11;* ***K/R:*** *Nein;* ***T:*** *(0 71 27) 5 11 21; www.aichtal.de*

Das **Heimatmuseum** im Aichtaler Stadtteil Grötzingen bereitet mit archäologischen Fundstücken die lokale Vor- und Frühgeschichte zwischen 5000 v. Chr. und 1500 n. Chr. auf. Einen Einblick in das dörfliche Leben der Vorfahren gewährt die Abteilung Handwerk und Landwirtschaft, indem es vielerlei Arbeitsgeräte ausstellt. Eine Bauernstube überliefert, wie gewohnt, geschlafen und gegessen wurde. Schließlich wird den Spuren der Grötzinger Stadtgeschichte vom 13. bis ins 20. Jahrhundert nachgegangen. Die »Schulstube«, die nur nach Vereinbarung geöffnet wird, ist in der Grötzinger Grund- und Hauptschule eingerichtet. Sie zeigt anhand von Schulbänken, Beleuchtung, Schiefertafeln und Lernmitteln, wie vor rund hundert Jahren Schule gehalten wurde.

■ ***Ö:*** *1. Sonntag im Monat 10–12 Uhr;* ***L:*** *Hindenburgstraße 18;* ***K/R:*** *Nein;* ***T:*** *(0 71 27) 5 16 62; www.aichtal.de*

Ferkelnuss und Tränenkiefer

Am nördlichen Stadtrand liegt das **Seracher Arboretum**, eine Baumsammlung mit mehr als fünfzig Gehölzarten. An einheimischen Bäumen sind Winterlinde, Hainbuche, Feldahorn, Mehlbeere, Europäische Eibe, Blutbuche, Stieleiche und viele weitere vertreten. Auch Raritäten stehen in der leicht verwunschen wirkenden Landschaft unterhalb des 1820 vom Oberamtsrichter Karl August Georgii erbauten Schlösschens Serach. Zu ihnen zählen Ferkelnuss aus China, Butternuss aus Nordamerika und Tränenkiefer vom Himalaja. Ausgesucht schön gewachsene Exemplare sind der Riesenmammut- und der Urweltmammutbaum. Als älteste Bäume gelten eine Blutbuche und eine Stieleiche, die beide um 160 Jahre alt sind. Die Baumsammlung bildet gleichzeitig das Eingangstor zum Naherholungsgebiet Seracher Heide. Am Ende des Schlössleswegs ist der Streuobstlehrpfad ausgeschildert. Von dort ist es eine kurze Strecke zum Aussichtsturm mit schönem Blick auf die Schwäbische Alb und übers Neckartal nach Stuttgart.

■ *P: Schlösslesweg 41;*
K/R: Nein; T: (07 11) 35 12 26 86;
www.esslingen.de

Die **Jugendfarm** ist ein pädagogisch betreuter Aktiv- und Abenteuerspielplatz mit Tieren. Sie wurde 1973 von Eltern als Verein gegründet, um Kindern aus der Umgebung einen geschützten Ort für ihre Freizeit zu schaffen. Kinder ab sechs Jahren und jüngere Kinder in Begleitung Erwachsener sind willkommen. Sie können toben, matschen, Abenteuer erleben, spielen, Spaß haben, rennen, Tiere pflegen, bauen und mehr.

■ *Ö: Im Sommer Dienstag–Freitag 14–18 Uhr, Samstag 10–18 Uhr, im Winter Dienstag–Freitag 13.30–17 Uhr, Samstag 10–17 Uhr; P: Neuffenstraße, kurzer Fußweg ab »Waldheim«; K/R: Ja; T: (07 11) 38 57 88; www.jugendfarm-esslingen.de*

Zeit des Gedenkens

Seit 2010 besteht am Rand des Stuttgarter Flughafens seitlich der Zufahrt zum US-Airfield die **Gedenkstätte Echterdingen-Bernhausen**. Zwei weiße Mauern und zwei Schotterwege führen auf zwei historische Orte zu – einen Flugzeughangar und ein kleines Gräberfeld. Von November 1944 bis Januar 1945 war in der Flugzeughalle ein Außenlager des KZ Natzweiler-Struthof im Elsass eingerichtet. Die rund sechshundert jüdischen Häftlinge hatten die in einem amerikanischen Luftangriff stark beschädigten Start- und Landebahnen des Flugplatzes auszubessern. In der kurzen Zeit des Einsatzes verloren mindestens 119 der inhaftierten Juden ihr Leben. Zwischen den beiden Mauersegmenten des Erinnerungsorts öffnet sich der Blick auf den Hangar. Die Wege führen zum Zaun, der das Gräberfeld umgibt. Das Massengrab des KZ Echterdingen war erst im September 2005 bei Bauarbeiten gefunden worden.

■ ***L:*** *B 27 Ausfahrt »LE-Stetten«, Richtung US-Airfield;* ***P:*** *Im nahegelegenen Gewerbegebiet Bernhausen;* ***K/R:*** *Ja;* ***T:*** *(0 71 58) 82 19; www.gedenkstaette-echterdingen-bernhausen.de*

Im ehemaligen Rathaus des Stadtteils Bonlanden wurde im September 1985 das **Heimatmuseum** eingerichtet. Den Kern der Dauerausstellung in dem prächtigen Fachwerkbau von 1562 bildet die Sammlung des Bonländer Bürgers Gottlieb Häußler. Auf vier Stockwerken wird das Leben auf dem Lande in der Vergangenheit dargestellt. Die Themen umfassen Landwirtschaft und Handwerk, Wald- und Weinbau, Musikleben. Gezeigt werden auch Spielzeug, eine Küche und ein komplett eingerichteter Tante-Emma-Laden. Die Dauerausstellung wurde im Jahr 2011 modernisiert und inhaltlich völlig überarbeitet.

■ ***Ö:*** *Sonntag 13–17 Uhr;*
L: *Klingenstraße 19;*
K/R: *Nein;* ***T:*** *(0 71 58) 82 19; www.filderstadt.de*

Geschichte zum Anfassen

Das von 1981 bis 1986 völlig neu eingerichtete **Städtische Museum** präsentiert seine Schausammlungen zur Landschafts- und Ortsgeschichte im historischen Kornhaus auf drei Stockwerken. Die Schwerpunkte der Dauerausstellung liegen in der archäologischen und der geologischen Sammlung sowie in Kirchheimer Handwerk und Wohnkultur vom Barockzeitalter bis zur Industrialisierung. Zunftwesen, Arbeitsweisen in vorindustrieller Zeit und einige Spezialsammlungen wie Zinnobjekte, herrschaftliches und bürgerliches Mobiliar aus Barock und Klassizismus sowie Geräte zum Spinnen und Weben werden dargestellt. Im zweiten Obergeschoss werden vor allem Musikinstrumente der Firma Kaim und der Teck-Harmoniumfabrik gezeigt. Das erste und das zweite Dachgeschoss bilden einen zusammenhängenden historischen Rundgang. Er beginnt mit dem Jurameer, aus dem die Schwäbische Alb hervorgegangen ist, setzt sich in der Vor- und Frühgeschichte von der Steinzeit über Kelten und Römer bis zur Ankunft der Alemannen in Südwestdeutschland fort. Gezeigt werden auch frühe Zeugnisse zur Gründung und Geschichte der Stadt Kirchheim und von Burg und Herrschaft Teck.

■ ***Ö:*** *Dienstag 14–17 Uhr, Mittwoch–Freitag 10– 12 und 14–17 Uhr, Samstag, Sonn- und Feiertag 11–17 Uhr;* ***L:*** *Max-Eyth-Straße 19;* ***K/R:*** *Ja;* ***T:*** *(0 70 21) 50 23 77; www.kirchheim-teck.de*

Der **Kunstweg** im Stadtzentrum umfasst dreizehn Plastiken aus Stein und Stahl sowie ein Glas- und ein Wandbild, ausschließlich moderne zeitgenössische Arbeiten. Eine Broschüre spürt Inhalt und Aussage des Kunstensembles nach.

■ ***K/R:*** *Ja;* ***T:*** *(0 70 21) 30 27; www.kirchheim-teck.de*

Römisches Fallobst

Der **Römerpark** Köngen wurde im Juni 1988 auf dem Gelände eines ums Jahr 93 v. Chr. angelegten römischen Militärlagers eröffnet. Er besteht aus dem frei zugänglichen Archäologischen Park und dem (kostenpflichtigen) Museum im Römerpark. Im Gelände des rund zweieinhalb Hektar großen ehemaligen Kastells sind zwei Dutzend Steindenkmäler aus römischer Vergangenheit aufgestellt. Auch ein Garten liegt im Kastellgelände mit Obstbäumen, wie sie wohl vor zweitausend Jahren im Lager schon gepflegt wurden. Das mit Mauern und Ecktürmen gut gesicherte Kastell bildete den Endpunkt der Römerstraße, die ihren Anfang am Legionslager Vindinossa (Windisch im heutigen Schweizer Kanton Aargau) nahm und über Hüfingen, Rottweil und Rottenburg bei Köngen an den Neckar führte. Das Militärlager wurde mitsamt der ihm angeschlossenen Zivilsiedlung »Grinario« im Jahr 260 von Alemannen zerstört. Der Schwäbische Albverein hat 1911 in der Südecke den Kastell-Eckturm samt der anschließenden Lagermauer wiederaufgebaut.

■ *L: Altenberg 3; K/R: Ja;*
T: (0 70 24) 8 58 02;
www.roemerpark.koengen.de

Eine Besonderheit unter den süddeutschen Dorfkirchen bildet die 1512 geweihte **Peter- und Paulskirche.** Die flache Holzdecke ist reich mit Dekorationsmalerei aus dem frühen 17. Jahrhundert geschmückt, wie sie in Süddeutschland in gotischen Kirchen sonst nicht vorkommt. Im Chor sind kunstvoll gearbeitete Grabdenkmäler des einstigen Ortsadels aus dem 16. Jahrhundert erhalten. Im stattlichen Glockenturm von 1724 hängt die »Sauglocke« von 1430. Zu ihr berichtet die Legende, sie sei im Dreißigjährigen Krieg aus Sorge vor Zerstörung vergraben worden. Später wurde sie nur zufällig wiedergefunden, weil wühlende Schweine sie ausscharrten.

■ *L: Kiesweg 57; K/R: Ja;*
www.koengen.de

Monatlich ein Schwarzer Peter

Das **Deutsche Spielkartenmuseum** im Stadtteil Leinfelden bewahrt die größte öffentliche Spielkartensammlung Europas mit Spielkarten aus sieben Jahrhunderten und von fünf Kontinenten. Auch eine Grafiksammlung, eine Spezialbibliothek, Gegenstände des Kunstgewerbes sowie Druckstöcke, Kartenpressen, Gläser und Textilien gehören zum Bestand. Zu den besonderen Schätzen zählt die asiatisch-indische Sammlung, die als schönste und umfassendste weltweit gilt.

■ *Ö: Donnerstag–Samstag 14–17 Uhr, Sonn- und Feiertage 11–17 Uhr, Spielenachmittag letzter Freitag im Monat; L: Schönbuchstraße 32 (in der Schönbuchschule); K/R: Nein; T: (07 11) 7 56 01 20; www.spielkartenmuseum.de*

Das **Stadtmuseum** im Stadtteil Echterdingen zeigt in zwei Ausstellungen Spuren früher Besiedlung der Filderhochebene und berichtet aus der jüngeren Stadtgeschichte. Im zweiten Obergeschoss vermittelt ein halbstündiger Rundgang einen Eindruck von der Geschichte der Stadtteile.

■ *Ö: Sonntag 10.30–12.30 Uhr und 14.30–17 Uhr; K/R: Nein; L: Hauptstraße 79; T: (07 11) 79 10 82; www.leinfelden-echterdingen.de*

Im **Mühlenmuseum Mäulesmühle** sind die Technik der Mühle und die

Geschichte des Müllerhandwerks dokumentiert. Auf Wunsch setzt der Pächter sonntags um 17 Uhr das historische Mahlwerk in Gang.

■ *Ö: Samstag–Dienstag 14–18 Uhr; L: Mäulesmühle im Siebenmühlental; P: Gegenüber der Mäulesmühle, unter der Fahrradbrücke; K/R: Nein; T: (07 11) 9 97 54 08; www.leinfelden-echterdingen.de*

Die **Geologische Sammlung Eselsmühle** im Stadtteil Musberg zeigt am Modell den geologischen Aufbau der Schwäbischen Alb. Mit Mineralien und Versteinerungen wird die Entwicklung der Erdgeschichte vom Urgestein bis zur Gegenwart dargestellt.

■ *Ö: 9–18 Uhr; K: Ja; R: Nein; L: Im Siebenmühlental bei Musberg; P: Gegenüber der Mäulesmühle, 5 Minuten zu Fuß; T: (07 11) 7 54 25 35; www.eselsmuehle.com*

Auf der Blauen Mauer

Das 2011 renovierte **Naturschutzzentrum Schopflocher Alb** nahe dem Ortsteil Schopfloch wurde 1996 in einem stillgelegten Steinbruch eröffnet. Jahrzehntelang war dort Juramarmor abgebaut worden. In dem kaum mehr berührten, gut drei Hektar

weiten Loch entwickelte die Natur neues Leben. Seltene, auch gefährdete Tier- und Pflanzenarten siedelten sich binnen weniger Jahre in der urtümlichen Landschaft an. Am Eingang zu diesem neuen Lebensraum liegt das Naturschutzzentrum.

Im Mittelpunkt der Anfang 2011 neu entwickelten Dauerausstellung steht der Albtrauf. Im Kinderspielraum warten das »Sprechende Schaf« und weitere Naturspiele. Im Freien liegt ein Naturspielplatz mit Höhle, Kletterbaum Beobachtungsplatz. Im Schaugarten werden typische Pflanzen der Schwäbischen Alb gezogen. Das Naturschutzzentrum betreut die Naturschutzgebiete »Randecker Maar«, »Schopflocher Torfgrube« und »Oberes Lenninger Tal«.

■ ***Ö:*** *Dienstag–Freitag 14–17 Uhr, Sonntag 11–17 Uhr;* ***L:*** *Vogelloch 1;* ***K/R:*** *Ja;* ***T:*** *(0 70 26) 95 01 20; www.naturschutzzentren-bw.de*

Nur 3000 Meter nordöstlich des Naturschutzzentrums steht hoch über dem Neidlinger Tal auf senkrecht aufsteigendem Fels die recht gut erhaltene **Burgruine Reußenstein**. Sie bietet einen herrlichen Blick ins Vorland der Schwäbischen Alb. Unterhalb der Burg rauscht der Neidlinger Wasserfall. Gegenüber der Ruine birgt der Heimenstein eine kleine Höhle. In ihr soll der Sage nach lange Zeit der Riese Heim gehaust haben. Als es ihm im Heimenstein zu kalt und zugig vorkam, habe er sich von Maurern und Zimmerleuten den Reußenstein bauen lassen. Im Fels unterhalb der Ruine sind fast ständig Kletterer unterwegs.

■ ***P:*** *Parkplatz Reußenstein oder Bahnhöfle mit Grillstelle und schöner Sicht auf die Burg;* ***K/R:*** *Nein; www.lenningen.de*

Quadersteine fürs Ulmer Münster

Der **Geologielehrpfad** leistet einen Beitrag zur Landschaftsgeschichte um Neckartenzlingen und zum örtlichen Sandsteingewerbe, das Mitte des 19. Jahrhunderts mit gut zwanzig Steinbrüchen seine Blütezeit erlebte. Neckartenzlinger Steine hatten raue Oberflächen und hartes Korn, was sie vor allem für Mahlsteine in Getreidemühlen prädestinierte. Wegen ihrer Festigkeit wurden Bauquader aus Neckartenzlingen am Ulmer Münster und am Kölner Dom verwendet. Pfarrhaus, Rathaus, Zehntscheuer und Pfarrkirche in Neckartenzlingen sind ebenfalls aus heimischem Sandstein erbaut. Die Wandertafel am Marktplatz bietet eine Übersicht zu sechs Schautafeln am Pfad. Sie erklären »Stubensandstein«, berichten über »Keuper und Jura«, beschreiben die abgelagerten »Schotterbänke« und schildern Hochwasserkatastrophen, von denen eine 1530 das Rathaus wegspülte. Der Rundgang für Freizeitarchäologen und Spezialisten kann an jeder Station begonnen werden.

■ *L: Start an der Ermsbrücke; K/R: Nein, T: (0 71 27) 3 54 61, Karl-Wilhelm Fischinger (Schwäbischer Albverein); www.neckartenzlingen.de*

Die **Galerie im Rathaus** bietet der Kunst in Neckartenzlingen und der Region ein Forum. Die Präsentation unterschiedlicher künstlerischer Intentionen soll Verständnis für die Vielfalt aktueller und historischer Sichtweisen wecken. Die Arbeiten sollten möglichst immer auch Bezüge zur Geschichte und zur Kultur Neckartenzlingens herstellen. In der Galerie sind Werke einzelner Künstler zu sehen, aber auch von örtlichen Vereinen und Bildungseinrichtungen wie Volkshochschule, Jugendhaus, Schulen und Kindergärten. Ziel ist es, die Bedeutung ästhetischer Erziehung für die persönliche Entwicklung erkennbar zu machen.

■ *L: Planstraße 2; K/R: Ja; T: (0 71 27) 1 80 10; www.neckartenzlingen.de*

Größte Burgruine auf der Alb

Der **Hohenneuffen** ist die größte Festungsruine der Schwäbischen Alb. Weithin sichtbar thronen auf dem Gipfel des Bergsporns Mauern, Ecktürme, Schutzwälle, Bastionen, Kasematten, Rondengänge, als seien sie im Fels verwachsen. Die Anlage vermittelt noch heute ein machtvolles Bild mittelalterlichen Festungsbaues. Den Bauernkrieg von 1525 und den Dreißigjährigen Krieg in der ersten Hälfte des 17. Jahrhunderts hat die Burg weitgehend unbeschadet überstanden. Schließlich verlor sie im 19. Jahrhundert an Bedeutung. Im Festungsgürtel zum Schutz des Herzogtums Württemberg wurde sie da schon lange nicht mehr gebraucht. Außerdem weigerte sich der württembergische Landtag, weiterhin Geld in den Unterhalt des nutzlos gewordenen Bauwerks zu investieren. Die Burg wurde aufgegeben. Im August 1948 trafen sich Vertreter der Länder Württemberg-Baden, Württemberg-Hohenzollern und Baden auf dem Hohenneuffen. Ihre Beratungen führten schließlich zur Bildung des Landes Baden-Württemberg im Jahr 1952.

■ *Ö: 9–19 Uhr; P: Burg Hohenneuffen, 20 Minuten zu Fuß, z.T. steil; K/R: Nein; T: (0 70 25) 22 06; www.hoheneuffen.de*

Wenig östlich der Ruine Hohenneuffen beginnt am Wanderparkplatz »Hochholz« auf der Gemarkung Erkenbrechtsweiler ein zwei Kilometer langer **Astropfad**, gemeinsam angelegt von der Astronomischen Vereinigung Nürtingen und der Gemeinde Erkenbrechtsweiler. Den Anfang markiert eine Sonnenuhr. In drei Verkleinerungsmaßstäben lehrt der Pfad, wie unvorstellbar groß das Universum ist und wie klein dagegen unser »Blauer Planet« Erde. Im Maßstab 1:1 Milliarde sind die Planeten abgebildet, 1:1 Billion unsere Milchstraße und 1:1 Trillion Sternsysteme außerhalb unserer Galaxis.

■ *P: Wanderparkplatz »Hochholz«; K/R: Ja; T: (0 70 22) 3 36 78, Astronomische Vereinigung Nürtingen; www.erkenbrechtsweiler.de*

Kleiner Paradiesgarten

Im **Lehr- und Versuchsgarten Braike** der Hochschule Nürtingen führen verschlungene Pfade durch einen zauberhaften »Garten Eden« zu mehr als 300 Gehölz- und gut 800 Staudenarten. Die Anlage gilt als einzigartig in Baden-Württemberg. Studenten der Landschaftsarchitektur lernen, wie sich Pflanzen im Jahreslauf entwickeln, wie sie aussehen, sich anfühlen. Unterschiedliche Pflanzmöglichkeiten werden gelehrt. Stauden, Gehölze und Sommerblumen sind so arrangiert, dass ihre Standortansprüche gewahrt bleiben und Farben, Formen und Strukturen harmonieren. Der Garten steht Studenten zum praktischen Studium zur Verfügung. Besucher holen sich Anregungen für den eigenen Garten.

■ ***Ö:*** *April–Oktober Montag–Freitag 8 Uhr bis Einbruch der Dunkelheit, 1. und 3. Sonntag 14–17 Uhr, November–März Montag–Freitag 8.30–15.30 Uhr;* ***L:*** *Im Schelmenwasen 6;* ***K/R:*** *Ja;* ***T:*** *(0 70 22) 40 41 88; www.hfwu.de/lvg*

Zur ehemaligen Turmwächterwohnung im 48 Meter hohen **Glockenturm** der Stadtkirche führen 189 Wendeltreppenstufen. Der Umgang in 36 Metern Höhe bietet einen Rundblick über Stadt und Region. Die Ausstellung in der Wohnung berichtet von Leben und Aufgaben der Turmwächter.

■ ***Ö:*** *Mai–September 2. Sonntag im Monat 16–18 Uhr, Oktober–April 14–16 Uhr;* ***L:*** *Kirchstraße 6;* ***K/R:*** *Nein;* ***T:*** *(0 70 22) 7 52 82; www.nuertingen.de*

Die **Ruoff Stiftung** ist Leben und Werk des 1906 in Nürtingen geborenen Künstlers Fritz Ruoff gewidmet. In der abstrakten Malerei Südwestdeutschlands nach 1945 nimmt sein Werk eine bedeutende Stellung ein. Das Museum zeigt Ausschnitte des Gesamtwerks in Plastik, Malerei, Collage, Zeichnung und Druck.

■ ***Ö:*** *Donnerstag 15–18, Sonntag 14–18 Uhr;* ***L:*** *Schellingstraße 12;* ***K/R:*** *Nein;* ***T:*** *(0 70 22) 7 53 47; www.ruoff-stiftung.de*

Ein Klo von Tomi Ungerer

Mitten in der Innenstadt warten **Les Toilettes** auf Besucher. Der elsässische Grafiker und Illustrator Tomi Ungerer hat den Plochingern dies öffentliche Toilettenhäuschen entworfen. Die »Bedürfnisanstalt« steht in Sichtweite der Ottilienkapelle und einen Steinwurf entfernt von Friedensreich Hundertwassers »Regenturm«. Ein Frosch und ein Drache schmücken das in kräftigen Grün- und Lilafarbtönen verzierte kleine Haus, das im September 2007 erstmals geöffnet wurde. Toilettenanlagen seien ein besonderes Thema, befand Plochingens Stadtverwaltung vor Jahren, hielt aber ihre Notwendigkeit für unbestritten. Doch wohin damit im Stadtzentrum? In dieser Not wurde Tomi Ungerer zu Hilfe gerufen. Und der entwarf tatsächlich etwas märchenhaft Jugendstilhaftes, das man nach Ansicht der Stadt »sogar herzeigen kann«. Nicht nur dies: Der Besuch ist auch gleich kostenlos. Kleine Brückenstege führen über ein Wasserbecken ins Innere.

■ ***L:*** *Zwischen Marktplatz und Schorndorfer Straße;* ***K/R:*** *Ja;* ***T:*** *(0 71 53) 7 00 52 04; www.plochingen.de*

Das **Hundertwasserhaus** südlich der Marktstraße gilt als Plochingens Wahrzeichen. Der österreichische Künstler Friedensreich

Hundertwasser hat den Innenhof des Gebäudekomplexes mit dem 33 Meter hohen »Regenturm« gestaltet. Nach Ansicht des Künstlers hat der Betrachter dort nur noch »Hundertwasser um sich und den Himmel über sich«.

■ ***L:*** *Südlich der Marktstraße;* ***K/R:*** *Ja;* ***T:*** *(0 71 53) 7 00 52 04; www.plochingen.de*

Die **Ottilienkapelle** ist zwar nur ein schlichter gotischer Saalbau aus dem Jahr 1328, damit aber das älteste erhaltene Bauwerk der Stadt. Eine Tafel neben der Tür erklärt die Fresken an den Längswänden. In die Kirchmauer vor der Kapelle ist der Ottilienbrunnen von Karl Ulrich Nuß eingelassen.

■ ***L:*** *Etwas südlich des Marktplatzes;* ***K/R:*** *Ja;* ***T:*** *(0 71 53) 7 00 52 04; www.plochingen.de*

Fast perfekter Kegelberg

Die **Limburg** ist Weilheims weithin sichtbarer Hausberg. Der fast perfekt geformte Kegelberg ist vulkanischen Ursprungs und überragt seine Umgebung um knapp 200 Meter. Er bietet einen herrlichen Ausblick ins nordwestliche Vorland der Schwäbischen Alb. Von der namengebenden Burg, die wohl im 11. Jahrhundert auf dem Gipfel errichtet wurde, sind nur ganz wenige Reste erhalten. Spuren frühester Besiedlung der Limburg reichen allerdings gut 5000 Jahre zurück bis hinein in die Jungsteinzeit. Ein um den Gipfel verlaufender Geländeabsatz wird als Überbleibsel einer Befestigungsanlage aus der frühen Eisenzeit gedeutet. Bis auf ein paar Linden und einige Ruhebänke zur Rast nach dem Aufstieg ist die Bergspitze völlig kahl. Am Südhang liegt ein kleiner Weingarten, bescheidener Rest des seit dem Mittelalter betriebenen Weinanbaus. Der Obstanbau hat ihn weitgehend verdrängt. Im Frühjahr entfaltet sich ein wunderbares Landschaftsbild, wenn auf Weilheimer Flur mehr als 71 000 Obstbäume in heller Blüte stehen.

■ *P: Schützenwiesenweg, Aufstieg nur bei trockener Witterung ratsam; K/R: Nein; T: (0 70 23) 10 60; www.weilheim-teck.de*

Mit dem Bau der spätgotischen evangelischen **Peterskirche** wurde 1489 unter Leitung des württembergischen Hofbaumeisters Peter von Koblenz begonnen. Die Kirche steht auf den Fundamenten des 1089 geweihten Vorgängerbaues. Die weiträumige Hallenkirche mit prächtig bemaltem Gewölbe ist ungewöhnlich reich ausgestattet. Aus der Bauzeit stammt die steinerne Kanzel mit den vier Kirchenvätern. Ebenfalls um 1500 wurden bereits die Langhauswände mit riesigen Gemälden zum Jüngsten Gericht, zur Heiligen Familie und zum Rosenkranz versehen.

■ *L: Kirchgasse; K/R: Ja; T: (0 70 23) 90 97 36; www.peterskirche-weilheim.de*

Landkreis Göppingen

Kaiser Barbarossas Kloster

Das 1178 gegründete ehemalige **Prämonstratenserkloster St. Ulrich** ist noch heute vollständig von einem Mauerring mit nur zwei Toren umgeben. Der Hochaltar der 1525 nach einem Brand abgetragenen Klosterkirche war 1188 in Anwesenheit von Kaiser Friedrich Barbarossa geweiht worden. Die im frühen 16. Jahrhundert errichtete spätgotische Ulrichskapelle verwahrt bedeutende Kunstwerke. Ihr Hochaltar von 1511 mit Gemälden von Bartholomäus Zeitblom und Figuren von Nikolaus Weckmann stammt aus einer Ulmer Werkstatt. Fresken des 16. Jahrhunderts auf der Nordwand der Kapelle erzählen die Gründungsgeschichte des Klosters. Grabdenkmäler erinnern an katholische Äbte und nach der Reformation eingezogene evangelische Generalsuperintendenten. Von den Klosterbauten sind der Steinbau der Prälatur mit Fachwerkgiebeln von 1684, der Fruchtkasten von 1481 und die Zehntscheuer von 1747 erhalten.

■ ***Ö:*** *Sonn- und Feiertag April–Oktober 15–17 Uhr, November–März 14–16 Uhr;* ***P:*** *Parkplatz am Kloster;* ***K/R:*** *Ja;* ***T:*** *(0 71 66) 90 13 50; www.adelberg.de*

Der **Heilkräutergarten** wurde im Jahr 2000 auf dem Klostergelände angelegt. Er bildet sechs Beete mit jeweils sechzehn Quadratmetern Fläche. Die Besonderheit besteht in der großen Zahl von fast dreihundert Pflanzenarten aus aller Welt und allen Epochen, darunter »Gemüse Karls des Großen«, »Heilpflanzen des Pfarrers Sebastian Kneipp« und der traditionellen chinesischen Medizin. Die Beete sind nach Themen sortiert.

■ ***P:*** *Parkplatz am Kloster;* ***K/R:*** *Ja,* ***T:*** *(01 72) 7 40 22 35; www.adelberg.de*

Am Herrenbachstausee unterhalb des Klosters verläuft ein **Walderlebnispfad** mit zwölf Stationen. Der rund drei Kilometer lange Weg ist in drei Erlebniszonen unterteilt mit Labyrinth, Barfuß- und Pirschpfad, Lauschecke, Spechtbaum und mehr.

■ ***P:*** *»Herrenmühle«;* ***K/R:*** *Nein;* ***T:*** *(0 71 61) 9 27 30*

Schönes Leben auf dem Lande

Im Alten Rathaus des Ortsteils Bünzwangen wurde 1984 die **Jakob-Grünenwald-Gedächtnisstätte** eröffnet. Sie bietet mit Originalgemälden, mit Studien in Öl, Tusche, Kohle und weiteren Dokumenten einen Überblick über das Gesamtwerk des 1821 in Bünzwangen geborenen Malers Grünenwald. Er war das achte Kind eines Webers, studierte an der Stuttgarter Kunstschule und zog mit 32 Jahren nach München. In der damaligen Kunstmetropole erlebte er mit mehreren Ausstellungen und zahlreichen Auftragsarbeiten seine Hauptschaffenszeit. Grünenwald freundete sich mit Moritz von Schwind und Carl Spitzweg an. Nach 24 Münchner Jahren kehrte er nach Stuttgart zurück und wurde Professor für Zeichnen an der Kunstakademie. Grünenwald bevorzugte idealisierende Szenen vom Leben auf dem Lande, mit denen vor allem die bürgerliche Gesellschaft gern ihre Wohnzimmer schmückte.

■ ***Ö:*** *März–Juli, Oktober–Dezember, 1. Sonntag im Monat 10–12 Uhr;* ***L:*** *Ortsstraße 49;* ***K/R:*** *Nein;* ***T:*** *(0 71 63) 23 06, www.ebersbach.de*

Die »Alte Post«, eines der ältesten und schönsten Fachwerkhäuser Ebersbachs, beherbergt das **Stadtmuseum**. Die Dauerausstellung zeichnet den Weg Ebersbachs vom Handwerkerdorf zum Industriestandort nach. Den Marktort prägten in der Vergangenheit Handwerkerberufe wie Leinenweber, Schmiede und Wagner. Bemerkenswert waren die Sandgewinnung und die zahlreichen Wirtshäuser. Auch an den 1729 in Ebersbach geborenen »Sonnenwirt« Friedrich Schwahn wird erinnert, der als einer der bekanntesten Räuber Südwestdeutschlands mit 31 Jahren in Vaihingen an der Enz hingerichtet wurde.

■ ***Ö:*** *Mittwoch 15–19 Uhr, Sonntag 14–17 Uhr;* ***L:*** *Martinstraße 10;* ***K/R:*** *Ja;* ***T:*** *(0 71 63) 16 11 5-0 oder 16 11 5-11; www.ebersbach.de*

Friedhof seit Jahrmillionen

Der gut vier Kilometer lange **Geologielehrpfad** namens **JURAMEER und MEHR** wurde im Jahr 2006 nach spektakulären Saurierfunden auf Eislinger Gemarkung entwickelt. Auf der Trasse der Umgehungsstraße der B 10 waren in den Jahren 2002 bis 2004 große Mengen an Überresten von Fischsauriern geborgen worden. Solche Funde aus 181 Millionen Jahre alten Juraschichten der Schwäbischen Alb sind verhältnismäßig selten. Beachtlich war auch der außergewöhnlich gute Erhaltungsgrad der Fossilien, die keinerlei Verformungen aufwiesen. Die Fundstelle erhielt bald die Bezeichnung »Eislinger Saurierfriedhof«. Der Geologielehrpfad führt über das einstige Grabungsgelände zu insgesamt zwölf Stationen mit weiteren Themen wie: der »Fluss Fils«, das »Eislinger Sauerwasser«, der »Kaiserberg Hohenstaufen« und die einst angestrebte »Ölgewinnung aus Schiefer«. Auch an den Eislinger Pfarrer, Geologen und Fossiliensammler Dr. Theodor Engel wird erinnert.

■ *L: Der Pfad startet an der Stadthalle; K/R: Ja; T: (0 71 61) 8 85 64; www.eislingen.de*

Auf den Innenflächen der Kreisverkehrsanlagen wird **Eislinger Kreiselkunst** präsentiert. Nach anfänglich heftigen Diskussionen um die Kunstwerke und ihre Aufstellungsorte wird der Eislinger Weg, Kunst in den öffentlichen Raum einzufügen, mittlerweile als gelungen anerkannt. Die Stadt hat sich mit bisher sechs Werken prominenter Künstler ein prägnantes Erscheinungsbild geschaffen.

■ *K/R: Ja, T: (0 71 61) 80 41 01; www.eislingen.de, zwanzigseitige Farbbroschüre erhältlich.*

Der **ökologische Lehrpfad Täle** im Waldstück zwischen Eislingen und Krummwälden erläutert auf sechs Schautafeln, was da links und rechts des Wegs wächst und gedeiht. Beschrieben werden Feldhecken, Streuobstwiesen, Kopfweiden, der namengebende Bachlauf »Täle« und mehr.

■ ***L:*** *Im Waldstück zwischen Eislingen und Krummwälden;* ***K/R:*** *Nein;* ***T:*** *(0 71 61) 8 04-3 55; www.eislingen.de*

Museum im Stadtschloss

Die städtischen Sammlungen sind im **Museum im Storchen** untergebracht, einem Stadtschloss von 1535. Auf fünf Stockwerken wird Kunst der Stauferzeit neben Werken regionaler Künstler gezeigt, unter ihnen die Hofbildhauer Franz Xaver Messerschmidt und Johann Baptist Straub, der Maler Jakob Grünenwald, der Kupferstecher Johann Jakob Haid und der Glaskünstler Wilhelm von Eiff. Weiter enthält die Sammlung Zeugnisse zur Stadtgeschichte, Objekte aus Zunft und Handwerk, sakrale Kunstwerke. Eine eigene Abteilung stellt bäuerliche Lebensweise von einst an einer Kücheneinrichtung, einer Spinnstube, an Mobiliar und Gerät vor. Das vierte Obergeschoss bewahrt Spielzeug vor allem aus dem Göppinger Blechspielwarenwerk Märklin. Der sonderbare Name »Museum im Storchen« komme vom Storchennest auf dem Dach, heißt es in Göppingen. Andere führen als Grund die Karnevalsgesellschaft »Storchiana« an, die in der damaligen Weinwirtschaft gegründet worden sei.

■ ***Ö:*** *Dienstag–Samstag 13–17 Uhr, Sonn- und Feiertag 11–17 Uhr, kostenlos bis 18 Jahre;* ***L:*** *Wühlestraße 36;* ***K/R:*** *Nein;* ***T:*** *(0 71 61) 68 63 75; www.goeppingen.de*

In der 1610 von den Freiherren von Liebenstein erbauten einstigen Badherberge in Jebenhausen zeigt das **Naturkundliche Museum** seit 1970 die »Jurasammlung Dr. Engel«, die einen umfassenden Überblick über die Fossilien Süddeutschlands bietet. Von Menschenhand bearbeitetes Steinmaterial aus der Vor- und Frühgeschichte kam 1975 hinzu. Eine artenreiche Vogelsammlung und rund 200 in Württemberg heimische Schmetterlinge ergänzen die Ausstellung.

■ ***Ö:*** *Mitte April bis Anfang November, Mittwoch, Samstag 13–17 Uhr, Sonn- und Feiertag 11–17 Uhr, kostenlos bis 18 Jahre;* ***L:*** *Boller Straße 102;* ***K/R:*** *Nein;* ***T:*** *(0 71 61) 47 42; www.goeppingen.de*

Auf gut tausend Quadratmetern gewährt die **Märklin Erlebniswelt** Einblick in die Firmengeschichte der Modellbahnbauer. Aus dem Jahr 1891 stammt das »Storchenbein«, Märklins erste Modellbahnlok und einer unter vielen Anziehungspunkten im Museum. Güterzüge, Regionalexpress, Intercity, ICE rollen in Kinderaugenhöhe durch Bahnhöfe, Tunnels, über Brücken und freies Land. In Vitrinen sind Modelle von Lokomotiven, Triebwagen, Personenwagen, Güterwaggons und Zubehör ausgestellt. Gut 200 000 Besucher kommen jedes Jahr zu einem Rundgang in die Ausstellung. Museum und Verkaufsräume sind seit ein paar Jahren unter einem Dach vereint. Staunen über die große Welt der kleinen Bahnen und der Reiz eines Einkaufsbummels treffen in der Erlebniswelt zusammen. Es gibt ein Serviceangebot für die Marken Märklin, Trix und LGB einschließlich Zubehör.

■ ***Ö:*** *Montag bis Samstag 10–19 Uhr;* ***L:*** *Reutlinger Straße 2;* ***K/R:*** *Ja;* ***T:*** *(0 71 61) 60 82 89; www.maerklin.de*

Die evangelische Pfarrkirche im Stadtteil Faurndau zählt wegen ihrer zahlreichen Reliefs mit Tier- und Menschenfiguren, mit Köpfen, Masken, Fratzen zu den **Schmuckkirchen** in Württemberg. Ungeklärt ist, was es mit dem »Dämonenwürger« an einem Säulenkapitell im Chor der Kirche auf sich hat.

■ ***Ö:*** *Täglich 10–18 Uhr zu Andacht und Besichtigung geöffnet;* ***L:*** *Stiftstraße;* ***K/R:*** *Ja;* ***T:*** *(0 71 61) 2 11 35; www.ev-kirchengemeinde-faurndau.de*

Von der Stammburg der Stauferkaiser sind auf dem **Hohenstaufen** Grundmauern erhalten. Am Beginn des Aufstiegs liegen im Stadtteil Hohenstaufen die im 12. Jahrhundert geweihte Barbarossakirche und ein Dokumentationsraum zur Staufergeschichte.

■ ***Ö:*** *Dokumentationsraum 15. März bis 15. November Dienstag–Sonntag 10–12 Uhr und 13–17 Uhr, 16. November bis 14. März Samstag, Sonntag 10–12 Uhr und 13–17 Uhr;* ***L:*** *Kaiserbergsteige 22;* ***K:*** *Ja;* ***R:*** *Nein; www.goeppingen.de*

Galerie im Schloss

Das hoch über dem Filstal gelegene, im Jahr 1216 erstmals genannte **Schloss Filseck** stammt in seiner heutigen Form aus dem 16. Jahrhundert. Die Vierflügelanlage im Renaissancestil besitzt einen mittelalterlichen Gewölbekeller der Stauferzeit. Der »Förderkreis Schloss Filseck« betreut das Schloss und veranstaltet in seinen Räumen und im Schlosshof Ausstellungen, Konzerte und Führungen. Im Dachgeschoss sind die »Dokumentation zur Schlossgeschichte« und die »Ausstellung der Kunsthalle Göppingen« (beide kostenpflichtig) zu sehen. Die Flure des ersten Obergeschosses zeigen eine (kostenlose) Bilderausstellung. Zum Schloss gehört ein Restaurantbetrieb.

■ ***Ö:** Dienstag–Sonntag 14–17 Uhr, kostenlos (auch das Dachgeschoss) für Kinder und Jugendliche bis 18 Jahre, kostenlose Schlossführungen für Kindergärten und Schulklassen; **K/R:** Ja; **T:** (0 71 61) 3 19 38, www.schloss-filseck.de*

Im Uhinger Rathaus ist das **Photomuseum G. + W. Pabst** eingerichtet. Zu sehen sind ein Photoatelier aus der Zeit um 1900, Bilder der Fotogeschichte, eine Dunkelkammer mit historischen Vergrößerern und ein Retuschierplatz. Den Schwerpunkt bilden Kameras fast aller Hersteller von Großformat bis Miniaturkamera.

■ ***Ö:** 2. Mittwoch im Monat ab 19 Uhr; **L:** Kirchstraße 2; **K/R:** Nein; **T:** (0 71 61) 9 38 01 13; www.uhingen.de*

Das **Heimatmuseum** im Berchtoldshof aus dem 18. Jahrhundert dokumentiert die Besiedlung des unteren Filstals von der Eiszeit bis zu den Römern. Eine Abteilung ist der Glasherstellung des 15. und 16. Jahrhunderts im Nassachtal gewidmet. Zur Sammlung gehören zahlreiche landwirtschaftliche Geräte und Haushaltsgegenstände.

■ ***Ö:** Nach Vereinbarung, mindestens acht Personen; **L:** Bismarckstraße 4; **K/R:** Nein; **T:** (0 71 61) 9 38 01 13; www.uhingen.de*

Landkreis Heilbronn

Unterwegs mit Bauer Benno

Der **Landwirtschaftliche Erlebnisweg** ist über siebzehn Stationen »Bauer Benno auf der Spur«. Die Tafeln am Weg geben anschaulich Auskunft über den tiefgreifenden Wandel, den die Landwirtschaft in der jüngeren Vergangenheit erlebt hat. Gleich an Station 2 wird unter dem Titel »Die Zeit bleibt nicht stehen« erläutert, was sich alles verändert hat auf dem Bauernhof. Station 10 steckt mit

Pfosten und Steinen ein Ar (hundert Quadratmeter) ab und lehrt, wie viele Menschen sich von einer solchen Ackerfläche ernähren können. Die Begrenzung dient als Balancierpfad. Station 12 experimentiert mit Wasser und erklärt, weshalb der Landwirt fruchtbaren Boden braucht. Station 14 stellt historische landwirtschaftliche Geräte modernen gegenüber. An der letzten Station wird im Frage- und Antwortspiel das neu erworbene Wissen geprüft.

■ *P: Sporthalle Hirnerweg;*
K/R: Ja; T: (0 71 35) 93 35 25;
www.neckar-zaber-tourismus.de

Ein an einer Nuss knabberndes Eichhörnchen weist den Weg auf dem viereinhalb Kilometer langen **Naturerlebnispfad Neipperg**. Der Rundweg im Brackenheimer Ortsteil Neipperg bietet schöne Ausblicke über den schon 1285 genannten Ort am Fuß des Heuchelbergs und seine Umgebung. In Sichtweite geht es an Burg Neipperg aus dem 12. Jahrhundert vorbei. Am Weg stehen ein »Insektenhotel«, dazu Schautafeln, die Tiere und Baumarten im Weinberg erklären.

■ *P: Neipperg, Kelterplatz;*
K/R: Nein; T: (0 71 35) 93 35 25;
www.neckar-zaber-tourismus.de

Über dreißig Stationen verläuft der knapp zwei Kilometer lange **Walderlebnispfad Plochinger** im Zweifelberger Wald. Einzelne Stationen geben Gelegenheit zum Tasten, Riechen, Sehen, Schnuppern. Am Weg stehen Ruhebänke und »Genießerliegen«, gut geeignet, das Geschehen in der Natur ringsum zu beobachten.

■ *P: Neipperg, 300 m nach dem Schützenhaus, Hinweisschild in der Leintalstraße;*
K/R: Nein; T: (0 71 35) 93 35 25;
www.neckar-zaber-tourismus.de

Das kurze Leben der Steinhauer

Im historischen Rat- und Schulhaus von 1903 im Eppinger Stadtteil Mühlbach ist das **Steinhauermuseum** als Zweigstelle des Stadt- und Fachwerkmuseums »Alte Universität« untergebracht. Auf gut 120 Quadratmetern wird über den raschen Aufstieg und die Blütezeit des Steinhauergewerbes im Dorf berichtet. Berücksichtigt sind auch die harte Arbeit in den Steinbrüchen und das kurze Leben der Steinhauer. An Zeiten bitterster Not wird erinnert, ebenso an den Niedergang des Steinhauergewerbes um die Wende vom 19. zum 20. Jahrhundert. Die Ausstellung vermittelt mit zahlreichen Originalgeräten und mit Inszenierungen einer Steinhauerhütte und der Abbausituation im Steinbruch einen lebhaften Einblick in den Arbeitsalltag der Steinhauer. Gezeigt werden auch Steinmetzarbeiten wie Grabdenkmäler und Skulpturen.

■ *Ö: Mai–Oktober, Sonn- und Feiertag 14–16 Uhr; L: Hauptstraße; K/R: Nein; T: (0 72 62) 9 20 11 51; www.eppingen.de*

Im Rathaus des Stadtteils Elsenz erinnert das **Heimat- und Tabakmuseum** an die lange Tabakanbautradition des Orts. In Dachgeschoss und Treppenaufgang wird der ganze Kosmos rund um den Tabak aufgezeigt, von der ersten Begegnung der Matrosen um Christoph Kolumbus mit dem »Blauen Dunst« bis hin zum Rauchverbot in unseren Tagen.

■ *Ö: Mai–Oktober, 1. Sonntag im Monat 14–16 Uhr; L: Im Rathaus Elsenz; K/R: Nein, T: (0 72 62) 9 20 11 51, www.eppingen.de*

Im Stadtteil Richen handelt das **Bauernmuseum** als Zweigstelle der »Alten Universität« von der bäuerlichen Alltagskultur. Mit Wohn- und Schlafkammern, Küche und Wirtschaftsräumen wird ein Eindruck von Wohnen und Arbeiten in vorindustrieller Zeit vermittelt.

■ *Ö: Mai–Oktober, 1. Sonntag im Monat 14–16 Uhr; L: Hintere Gasse 35; K/R: Nein; T: (0 72 62) 9 20 11 51; www.eppingen.de*

Das **Stadt- und Fachwerkmuseum Alte Universität** ist in einem Fachwerkbau von 1495 eingerichtet, der mit seinen gotischen Spitzbogenfenstern und der dreischiffigen, von massiven Eichenpfeilern getragenen Halle zu den eindrucksvollsten Fachwerkbauten der Region zählt. Der Name erinnert an das Jahr 1564, als während einer Pestepidemie für kurze Zeit Teile der Universität Heidelberg in dem Gebäude untergebracht waren. Die Ausstellung auf gut 800 Quadratmetern ist auf fünf Stockwerke und einen Gewölbekeller verteilt. Gezeigt werden Vor- und Frühgeschichte und die Entwicklung der Stadt, die Eppinger Linien, vorindustrielles Wohnen und Arbeiten, Handwerk und Feuerwehr, Flucht und Vertreibung. Schwerpunkt ist die Entwicklung des Fachwerkbaus. Modellrekonstruktionen, Werkzeug und Gerät des Zimmermanns sind zu sehen. Der Gewölbekeller zeigt die Geschichte des Brauwesens.
■ *Ö: Mittwoch–Sonntag, Feiertag 14–16 Uhr; L: Altstadtstraße; K/R: Nein; T: (0 72 62) 9 20 11 51; www.eppingen.de*

Das private **Museum Zeugnisse religiösen Volksglaubens** präsentiert Alltags- und Kunstgegenstände wie Fatschenkinder, Heiligenbilder, Klosterarbeiten, Krippen, Rosenkränze, Gegenstände zum Kirchenjahr und zum christlichen Lebenslauf.
■ *Ö: April–Oktober, Sonntag 14–16.30 Uhr; L: Kirchgasse 6; K/R: Nein, T: (0 72 62) 49 08; www.kath-eppingen.de*

Der **Pfeifferturm** aus dem 13. Jahrhundert ist Eppingens ältestes Gebäude. Er misst bis zur Dachspitze 30, zur Traufe 22 Meter. Das Mauerwerk ist im ersten Obergeschoss 185 Zentimeter stark, im sechsten sechzig Zentimeter. Zeitweilig war der Turm Gefängnis mit acht Zellen.
■ *Ö: Mai–Oktober, 1. Sonntag im Monat 14–16.30 Uhr; K/R: Nein; T: (0 72 62) 92 00; www.eppingen.de*

Aus Ruinen aufgebaut

Die Städtischen Museen haben zwei Standorte in der Innenstadt, die (kostenpflichtige) Kunsthalle Vogelmann und das **Museum im Deutschhof,** dessen Dauerausstellung kostenfrei ist. Das Museum präsentiert die Sammlungsgebiete Archäologie, Natur- und Stadtgeschichte und Kunst. Die archäologische Abteilung reicht von der Steinzeit über Eisen- und Bronzezeit, über römische Besiedlung bis hin zu Mittelalter und Neuzeit. Ein Großteil der Sammlung des 1879 gegründeten Museums ging im Bombenangriff 1944 verloren. Die heutigen Bestände wurden in jahrzehntelanger Kleinarbeit zusammengetragen. Die zugehörige Kunst- und Skulpturensammlung enthält Werke regionaler Künstler, aber auch Arbeiten internationalen Rangs von Auguste Rodin, Alberto Giacometti und Henry Moore.

■ *Ö: Dienstag–Freitag 10–13 Uhr und 14–17 Uhr, Samstag, Sonn- und Feiertag 11–17 Uhr; L: Deutschhofstraße 6; K/R: Ja; T: (0 71 31) 56 22 95; www.museen-heilbronn.de*

Am Fuß des Wartbergs liegt ein gut zwei Hektar großer **Botanischer Obstgarten** mit Schul- und Schaugärten und einem Dutzend historischer Gartenhäuser. Ausgewählte regionale Obstgehölze, Beerenobst und Ziergehölze geben dem Besucher Anregungen für den eigenen Garten.

■ *Ö: April–September 8–20 Uhr, Oktober–März 9–17 Uhr; P: Im Breitenloch; K/R: Ja; T: (0 71 31) 56 22 30; www.botanischer-obstgarten.de*

Auf dem sechs Kilometer langen **Wein Panorama Weg** durch die Weinberglandschaft des Wartbergs vermitteln vierzig Schautafeln an 24 Stationen Eindrücke zum Heilbronner Weinbau. Elf Arbeiten namhafter Bildhauer machen den Weg streckenweise zum Skulpturenpfad. Auf den Wartbergturm mit schöner Rundumsicht führen 101 Treppenstufen.

■ *P: Riedstraße; K: Ja; R: Nein; www.heilbronnerland.de*

Zu Gast bei Friedrich Hölderlin

In der ehemaligen Klosterkirche am Zaberufer ist seit 1984 das **Museum im Klosterhof** eingerichtet. Zwei Dauerausstellungen präsentieren die »Archäologische Sammlung Karl Schäffer« und das im Jahr 2008 neu konzipierte »Hölderlinzimmer«. Die Schäffer-Sammlung zeigt – für Kinder verständlich – Funde aus der Steinzeit und aus der keltischen, römischen und alemannischen Vergangenheit Lauffens. Leuchtende Textwürfel erläutern die einzelnen Situationen. Gezeigt werden jahrtausendealte Funde wie Schmuck, Keramik und Werkzeug aus Stein, Knochen und Metall. Das Hölderlinzimmer stellt Leben und Werk des Dichters Friedrich Hölderlin vor, der 1770 in Lauffen geboren wurde. Literarischer Inhalt und Schönheit der Ausstellung vermitteln eine ungewöhnliche Ästhetik. Es gibt aktiv zu betätigende Elemente, die dem Besucher individuelle Vertiefung ermöglichen und ihm erlauben, nach eigenen Interessen vorzugehen.

■ ***Ö:*** *Samstag, Sonntag 14–17 Uhr;* ***L:*** *Klosterhof 4;* ***K/R:*** *Ja;* ***T:*** *(0 71 33) 1 22 22; www.lauffen.de*

Im zwölfeinhalb Meter hohen Wohnturm der einstigen Burg Lauffen wurde im Jahr 2006 das **Burgmuseum** eingerichtet. Schon seit dem Jahr 1818 ist in der ehemaligen Burganlage das städtische Rathaus untergebracht. Beide Einrichtungen sind während der täglichen Dienstzeiten frei zugänglich. Im Museum wird gezeigt, wie die Grafen von Lauffen, deren Geschlecht sich bis ins 11. Jahrhundert zurückverfolgen lässt, einst gelebt, gekocht, sich gekleidet haben. Nach Zerstörungen im 17. Jahrhundert war die Burg wesentlich in ihrer heutigen Form wiederaufgebaut worden.

■ ***Ö:*** *Montag–Donnerstag 8–12 und 13.30–16 Uhr, Freitag 8–12 Uhr;* ***L:*** *Rathausstraße 10, Schlüssel im Rathaus erhältlich;* ***K/R:*** *Nein;* ***T:*** *(0 71 33) 1 06 11; www.lauffen.de*

Zwergentanz um Nasenbäume

Der zwei Kilometer lange **Natur-Kultur-Pfad** führt über die Burgruine Löwenstein, den Aussichtspunkt Hofacker, das Wohngebiet »Geißhölzle-Plateau« zum Wasserturm an der Klinik Löwenstein. Er beginnt als Waldlehrpfad, geht aber bald in einen Weg voller sonderbarer Gestalten über. Am Anfang sind es Totempfähle. Bald folgen Naturskulpturen wie »Baumharfe«, »Zwergentanz« und »Wildschweinfamilie«, die »Riesenschlange« oder der »Naturaltar mit Herzportal«. Nach der Schutzhütte am Hofacker folgen die Naturbühne mit ihren »Klangbildern« und die Aussichtsplatte. Der zweite Teil beginnt an der Skulptur »Phoenix« und läuft zum Naturtempel »Idylle und Stille«. Weiter nun im Sturmwald mit den »Nasenbäumen« und den Naturskulpturen »Wurzel-Energien«, »Sturmkathedrale«, »Waldkompass«, »Riese Lothar« und mehr bis zum vorläufigen Ende im Klinikpark.

■ ***L:*** *Manfred-Kyber-Schule;*
K/R: *Nein;*
www.stadt-loewenstein.de

Weithin sichtbar überragt die **Burgruine** das Städtchen. Von den Grafen von Calw ab 1090 erbaut, hatte die Burg Bestand, bis Graf Ludwig 1570 den Bau eines Schlosses begann. Dazu bediente er sich am Mauerwerk der oberhalb gelegenen Burg.

■ ***Ö:*** *März–Oktober Sonn- und Feiertag 11–17 Uhr, Mai–Oktober auch Samstag 16–18 Uhr, Führungen kostenlos;* ***K/R:*** *Nein;*
T: *(0 71 30) 40 11 20 (Naturparkführerin Sabine Rücker);*
www.stadt-loewenstein.de

Das **Manfred Kyber Museum** im mittelalterlichen »Freihaus« ist dem 1880 in Riga geborenen und 1933 in Löwenstein gestorbenen und bestatteten Dichter, Schriftsteller, Tierschützer und Gesellschaftskritiker Manfred Kyber gewidmet. Zu sehen sind Briefe, Manuskripte, Fotos, Erinnerungsstücke, Mobiliar und Biografien.

■ ***Ö:*** *März–Dezember Sonn- und Feiertag 14–17 Uhr;* ***L:*** *Freihausgasse 1;* ***K/R:*** *Ja;* ***T:*** *(0 71 30) 2 04 32; www.stadt-loewenstein.de*

Herren aus dem Elsass

Schloss Liebenstein war der Stammsitz der Herren von Liebenstein, die im 11. Jahrhundert aus dem Elsass an den Neckar gekommen waren und sich dort niedergelassen hatten. Belegt ist, dass Ritter Reinhard und sein Sohn Albert die erste Burg erbaut haben. Das heutige Renaissanceschlösschen mit Torfahrt, Haupttrakt und Wirtschaftsgebäuden wurde um 1600 auf dem Bergsporn errichtet. Vom mittelalterlichen Vorgängerbau ist nur der (frei zugängliche) Bergfried aus dem 12. Jahrhundert erhalten. Architektonisch bedeutendster Bauteil ist die 1599 vom Heilbronner Baumeister Jakob Müller entworfene Schlosskapelle. Ihr Stil ist zum Teil spätgotisch, teils reinste Renaissance. Zahlreiche vielgestaltige Steinmetzarbeiten wie Masken, Schnörkel und Spitzsäulen schmücken die Fassade. Einzigartig ist die Giebelfront mit ihren drei reich verzierten Portalen und zusätzlich einem achteckigen Turm über dem Chor der Kapelle. Das Schloss mit Staffelgiebeln, Brüstungen und Fensterverzierungen dient als Restaurant und Hotel. In der Kapelle werden Hochzeiten und Taufen gefeiert. Schrifttafeln erläutern die Gebäude und ihre Geschichte.

■ ***K/R:*** *Nein;* ***T:*** *(0 71 33) 9 89 90 (Schlossschenke); www.schlosshotel-liebenstein.de*

Der **Historische Ortsrundgang** führt in einer s-förmigen Schleife durch den alten Kern Neckarwestheims. Er beginnt am Rathaus, läuft zum ehemaligen Backhaus, berührt ein Stück Dorfmauer aus dem 16. Jahrhundert und erreicht schließlich vorbei am Alten Rathaus und der Alten Schule die evangelische Kirche mit dem Glockenturm aus dem 13. Jahrhundert, an der die Runde endet. Auf dem Rathaus gibt es Material zum Ortsrundgang und zur Dorfgeschichte.

■ ***L:*** *Start am Markplatz 1;* ***K/R:*** *Ja;* ***T:*** *(0 71 33) 1 84 13; www.neckarwestheim.de*

Jüdische Geschichte

In der ehemaligen Synagoge aus dem Jahr 1851 im Ortsteil Affaltrach ist das **Museum zur Geschichte der Juden in Kreis und Stadt Heilbronn** eingerichtet. Es dokumentiert Wege und Schicksale der jüdischen Gemeinden in der Region vom Mittelalter bis zu ihrem Ende unter dem Nationalsozialismus im 20. Jahrhundert. Mit Hilfe von Texten, Urkunden, bildlichen Darstellungen, Schautafeln und Alltagsgegenständen wird ihre Geschichte nachgezeichnet. Das heutige Judentum ist in der Ausstellung ebenfalls berücksichtigt. Die Synagoge Affaltrach war zwar im November 1938 – wie fast alle jüdischen Gebetshäuser in Deutschland – verwüstet, aber nicht in Brand gesetzt worden. In ihr waren außer dem Gottesdienstsaal Kult- und Gemeinderäume untergebracht. Im Obergeschoss lagen die Lehrerwohnung und die koschere Küche, im Erdgeschoss Schul- und Sitzungszimmer, im Untergeschoss wie üblich das rituelle Tauchbad.

■ *Ö: Mitte März bis Anfang November Sonntag und Mittwoch 15–17 Uhr; L: Untere Gasse 5; K/R: Nein; T: (0 71 30) 64 78; www.obersulm.de*

Am 1996 angelegten **Weinlehrpfad** wird auf sechzig Stationstafeln entlang den Rebzeilen anschaulich und kenntnisreich über die Geschichte des Weinanbaus, die Arbeit im Wengert und die angebauten Rebsorten unterrichtet. Der Weg führt auch zu einem Kräutergarten, zu einer Vogeluhr und stellt nebenbei die tierischen Bewohner von Trockenmauern, Streuobstwiesen und Waldrändern vor. Nicht zuletzt bietet sich vom Lehrpfad ein bezaubernder Ausblick übers Weinsberger Tal.

■ *P: Wanderparkplatz Am Zeilberg; K/R: Nein; T: (0 71 30) 2 81 14; www.obersulm.de*

Burg vieler Besitzer

Als weithin sichtbares Wahrzeichen Untergruppenbachs thront **Burg Stettenfels** erhöht auf einer Sandsteinstufe über dem Ort. Der von einem mächtigen Graben umgebene mehrteilige Baukomplex reicht mit seinen ältesten Teilen vermutlich ins 12. Jahrhundert zurück. Urkundlich erwähnt wird die Burg erstmals 1356. Im Lauf der Jahrhunderte geht sie durch viele Hände. Besitzer war im 14. Jahrhundert Ritter Burkhard von Sturmfeder, im 16. Jahrhundert Herzog Ulrich von Württemberg, nach ihm Graf Anton Fugger, im 18. Jahrhundert wieder das Haus Württemberg. Zwischendurch war die Feste immer wieder im Besitz von Privatleuten, darunter ein Kaufmann, ein Oberst, ein Schuhfabrikant, ein Landwirt und das evangelische Hilfswerk. Ein Fleiner Architekt hat 1994 den ganzen Komplex erworben und einen riesigen Biergarten darin eröffnet. Der Zugang zur Burg führt über eine massive Brücke und durch ein Torhaus. Im dreieckigen, von Wohngebäuden umschlossenen Innenhof liegt ein Brunnen. In den Räumen der Burg, im Burggraben und auch im Gewölbekeller finden Veranstaltungen wie Betriebsfeste, Hochzeiten und Familienfeiern statt.

■ ***K/R:*** *Ja;* ***T:*** *(0 71 31) 9 77 00; www.burg-stettenfels.de*

Für viel Abwechslung sorgt der rund sechs Kilometer lange, mit einem »E« markierte **Erlebnispfad**. Er führt durch Waldgelände, an Burg Stettenfels vorüber, zu einer Hütte mit Spiel- und Grillplatz, schließlich zum Koppenbrünnele mit seinen Waldteichen und Holzfiguren. Am Rundweg liegen zahlreiche Stationen wie »Balancierbalken«, »Waldthron«, »Windrose«, »Klangholz«, »Pythagoras«, »Balancierseil« und »Waldliegen«.

■ ***P:*** *Parkplatz am Koppenbrünnel;* ***K/R:*** *Ja;* ***T:*** *(0 71 31) 7 02 90, Faltblatt im Rathaus und in Burg Stettenfels; www.untergruppenbach.de*

Weinsbergs treue Weiber

Im **Weibertreu-Museum** wird das bedeutendste Ereignis in der Geschichte der Burg Weinsberg aufgeblättert. Gut sechzig Ausstellungsstücke dokumentieren, wie im Jahr 1140 die »Treuen Weiber von Weinsberg« ihre Ehemänner huckepack zur Burg hinaustrugen. König Konrad III. aus dem Geschlecht der Staufer hatte mit einem starken Heer die Burg, die im Besitz der mit ihm verfeindeten Welfen stand, wochenlang belagert und schließlich erobert. Die Besatzung kapitulierte. Konrad gewährte Frauen und Kindern freien Abzug aus der Burg. Über die Männer sollte wohl ein Strafgericht gehalten werden. Mitnehmen durften die Frauen nur, so viel sie selbst auch tragen könnten. Zu des Königs großer Überraschung schulterten die Frauen ihre Männer und trugen sie – von der schweren Last gebeugt – tapfer zur Burg hinaus. Konrad ließ die Frauen samt ihren Männern davonziehen, weil ein König Wort halten müsse. Im Weibertreu-Museum ist auch dokumentiert, wie am Ostersonntag 1525 im Bauernkrieg Burg und Stadt zu großen Teilen zerstört wurden.

■ ***Ö:*** *Dienstag–Donnerstag und Sonntag 14–17 Uhr;* ***L:*** *Marktplatz 11, im Rathaus;* ***K/R:*** *Ja;* ***T:*** *(0 71 34) 51 20; www.weinsberg.de*

Am Fuß des Burgbergs sind Reste eines **Römerbads** und Teile eines römischen Gutshofs ausgegraben und konserviert worden. Der landwirtschaftliche Betrieb mit Scheunen und Ställen wurde im 2. Jahrhundert angelegt und mit einer Hofmauer umgeben. Seine Aufgabe war, die römischen Truppen im Grenzgebiet und die Bevölkerung in den größeren Siedlungen des Neckarlands zu versorgen. Um 260 wurde die mehrfach erweitere Anlage von Alemannen zerstört. Die restaurierten Grundmauern lassen erkennen, wie Fußboden- und Wandheizung der Römer funktionierten.

■ ***P:*** *Leiblingstraße;* ***K/R:*** *Ja.*

Des Königs Mammutbäume

Vom Silberstollen führt die aus einem einzigen Baumstamm gearbeitete »Himmelsleiter« über 66 Stufen zum **Wellingtonienplatz**. Dort stehen Wüstenrots fast 150 Jahre alte Mammutbäume, um 45 Meter hoch bei einem Stammdurchmesser von 165 Zentimetern. Die Riesenbäume verdankt die Gemeinde König Wilhelm I. von Württemberg. Der hatte 1863 in Nordamerika 4000 Mammutbaumsämlinge erworben, mit denen er seinen Schlosspark, Vorläufer des botanisch-zoologischen Gartens »Wilhelma«, schmücken wollte. Dort war aber kein Platz für eine solch riesige Zahl an Mammutbäumen. Also drängte Wilhelm Gemeinden und Privatleute im Königreich, ihm die überzähligen Sämlinge abzukaufen. So gelangten die Mammutbäume nach Wüstenrot und in manch anderen Ort im Land. In ihrer Heimat im westlichen Nordamerika werden die Riesenbäume bis zu 3000 Jahre alt und 135 Meter hoch.

■ ***P:** Am Silberstollen;*
***K/R:** Nein; **T:** (0 79 45) 9 19 90;*
www.gemeinde-wuestenrot.de

Im drei Hektar großen **Finsterroter See** wird auf eigene Gefahr gebadet. Badepersonal steht nicht zur Verfügung. Es gibt eine große Liegewiese und einen kleinen Sandstrand, einen Kinderspielplatz, einen Barfußpfad und eine Grillstelle. Vom Waldparkplatz führen Wanderwege in die Umgebung des Sees.

■ ***L:** An der B 39 zwischen Wüstenrot und Mainhardt; **P:** Waldparkplatz am See; **K:** Ja, **R:** Nein;*
***T:** (0 79 03) 6 99, Kiosk täglich ab 11 Uhr; www.finsterroter-see.de*

Das **Bauspar-Museum Wüstenrot** ist in einem Bauernhaus des 18. Jahrhunderts eingerichtet. In ihm wohnte von 1921 an Georg Kropp. Der Drogist und Publizist gründete die erste deutsche Bausparkasse. Sie nahm 1924 ihre Arbeit auf. Neben Dokumenten zu Kropps Leben und Werk und zur Bausparkasse Wüstenrot befasst sich die Ausstellung allgemein mit dem Bausparwesen.

■ ***Ö:** 1. Mai bis 30. September, Sonn- und Feiertag 14–17 Uhr;*
***L:** Haller Straße 3; **K/R:** Nein;*
***T:** (0 79 45) 91 99 36;*
www.bauspar-museum.de

Landkreis Ludwigsburg

Ein Zentrum Mitteleuropas

Seit Jahrtausenden schon kommt dem **Hohenasperg** herausragende Bedeutung für seine Umgebung zu. Keltische Prunkgräber und Großgrabhügel, die vor gut zweieinhalbtausend Jahren im weiten Umkreis angelegt wurden, bezeugen die auffällige Anhöhe westlich Ludwigsburg als eines der wichtigsten frühkeltischen Zentren Mitteleuropas. Im Mittelalter und den nachfolgenden Jahrhunderten wurden auf dem Gipfel Festungswerke angelegt, die beständig stärker ausgebaut wurden. Die jeweilige Nutzung bestimmte die Form der Bebauung. Die heute noch eindrucksvollen Werke entstanden, als der Hohenasperg im 16. Jahrhundert zu einer der Landesfestungen des Herzogtums Württemberg ausgebaut wurde. Ein Rundgang um die Festungswerke bietet faszinierende Ausblicke hinüber zur Schwäbischen Alb, auf den Stromberg, ins Bottwartal und den Schwäbischen Wald. Am Südhang wird seit tausend Jahren Wein angebaut.

■ ***P:*** *Vor dem Portal;* ***K/R:*** *Nein; www.asperg.de*

Im ehemaligen Arsenalbau der Festung Hohenasperg unterhält das Haus der Geschichte Baden-Württemberg die **Ausstellung »Hohenasperg – Ein deutsches Gefängnis«.** Sie erinnert daran, dass seit Jahrhunderten – und auch heute noch – die Festungswerke als Haftanstalt dienen. Die Gefangenen büßten für ihre politische Überzeugung, waren Opfer rassischer Verfolgung oder auch schlicht Diebe, Betrüger, Mörder. Die Ausstellung vermittelt Einblicke in 22 Häftlingsbiographien, unter ihnen der Journalist, Dichter und Musiker Christian Friedrich Daniel Schubart, der Revolutionär Gottlieb Rau, der NS-Täter Karl Jäger und der RAF-Terrorist Günter Sonnenberg.

■ ***Ö:*** *April–Oktober, Donnerstag–Sonntag 10–18 Uhr, kostenlos nur Schüler (Besuche ab 14 Jahre empfohlen);* ***L:*** *Hohenasperg 1;* ***P:*** *Vor dem Portal;* ***K/R:*** *Ja;* ***T:*** *(07 11) 2 12-39 89, www.hohenasperg-museum.de*

Erfinder des Bananensteckers

Das **Museum im Adler** ist in einem ehemaligen Bauernhof mit Gasthaus von 1630 eingerichtet. Im Erdgeschoss gewährt die Hirschmann-Stube Einblick in eine Familien- und Firmengeschichte. Sie beginnt mit Melchior Hirschmann, der den »Adler« baute, und führt zum Radiotechnischen Werk Hirschmann in Esslingen, in dem neben anderem der »Bananenstecker« erfunden wurde. Stationen im Museum bilden die Kulturgeschichte des Wirtshauses auf dem Dorf und archäologische Funde. Das Obergeschoss enthält eine sozial- und ortsgeschichtliche Ausstellung zur Entwicklung Benningens vom Bauern- und Weingärtnerdorf zur neuzeitlichen Wohngemeinde. Die Bedeutung des Hausiererwesens und die Lebenssituation der Dienstmädchen von einst werden erläutert. Das Erdgeschoss enthält eine römische Abteilung. Unweit des Museums steht an der Kirchstraße das 1612 nach Plänen des herzoglichen Baumeisters Heinrich Schickardt erbaute evangelische Pfarrhaus. In ihm kam 1804 Clara Neuffer zur Welt, Cousine und große Jugendliebe des Pfarrers und Dichters Eduard Mörike.

■ *Ö: Sonntag 14–17 Uhr; L: Ludwigsburger Straße 9; K/R: Nein; T: (0 71 44) 1 33 29 oder 90 60; www.museum-im-adler.de*

An Benningens **Römerzeit** wird nicht nur im Museum erinnert. Neben dem Rathaus wurde 1972 ein Stück Römerstraße freigelegt und im Originalzustand konserviert. Sie belegt mit ihrem Dachprofil, dass schon die Römer sich um die Straßenentwässerung kümmerten. Am Rathaus sind auch römische Weihesteine und eine rekonstruierte Jupitergigantensäule aufgestellt. Vom Römerkastell aus dem 2. Jahrhundert sind nur überwachsene Grundmauern erhalten. Das Museum zeigt eine Nachbildung.

■ *L: Studionstraße 10; K/R: Ja; T: (0 71 44) 90 60, Faltblatt im Rathaus; www.benningen.de*

Barack Obamas Wurzeln

Der Ur-Ur-Ur-Ur-Ur-Urgroßvater des 44. Präsidenten der Vereinigten Staaten von Amerika, **Barack Obama**, wurde am 29. Juli 1729 im Fachwerkhaus Türkengasse 6 geboren. Er erhielt den Namen Johann Conrad Wölfle und wanderte im Alter von 21 Jahren auf dem Segelschiff »Patience« nach Nordamerika aus. Wölfle ließ sich in Middletown im Staat Pennsylvania nieder, wo er seinen Nachnamen Wölfle amerikanisierte und in Wolfley umwandelte. Im Jahr 1756 heiratete er Anna Catherine Schockey, mit der er mindestens sechs Kinder hatte. Unter ihnen war Ludwig Lewis Wolfley, der als direkter Vorfahr von Barack Obamas Mutter Stanley Ann Dunham gilt. Der Vater des Auswanderers, Johann Martin Wölfle, war Wundarzt des in Besigheim stationierten Regiments von Bomburg. Taufpaten seines Sohns Johann Conrad waren, wie aus dem Besigheimer Taufbuch hervorgeht, der Regimentskommandeur Capitain von Bomburg und der Besigheimer Arzt Johann Ludwig Bronner. Das Wohnhaus ist nicht begehbar.

■ *L: Türkengasse 6; www.besigheim.de*

Während des Sommerhalbjahrs werden **Stadtführungen** angeboten. Der Rundgang durch den historischen Stadtkern dauert anderthalb Stunden. Besucht werden neben anderem das Fachwerkrathaus von 1459, die evangelische Stadtkirche St. Cyriakus und ihr Hochaltar von 1520. Berührt wird auf dem Rundgang auch der **Skulpturenpfad** mit achtzehn Kunstwerken, den sich Besigheim zum Jubiläum »850 Jahre Stadt« zugelegt hat. Er führt vom Europaplatz über die Enzbrücke in die Hauptstraße zum Kelterplatz, läuft zur Neckarbrücke und an der Stadtmauer entlang zurück in die Altstadt.

■ *Ö: Führungen Juli–September Sonntag 11 Uhr, kostenlos nur mit Landesfamilienpass; L: Marktplatz 12; K/R: Nein; T: (0 71 43) 8 07 80, Broschüre »Skulpturenpfad« bei der Bürgerinformation; www.besigheim.de*

Renaissance im Museum

Das prächtige Fachwerkhaus, das sich Bietigheims Stadtschreiber Sebastian Hornmold 1536 als Wohnsitz errichten ließ, beherbergt das **Stadtmuseum**. Das Gebäude gilt als einer der schönsten Profanbauten der Renaissance im nördlichen Württemberg. Von 1625 stammt sein Prunkportal. Im Innern sind Malereien im Stil der italienischen Renaissance an Decken und Wänden erhalten. Die mit Scheinarchitektur und Motiven aus der Bibel und der Natur ausgemalte Sommerstube vermittelt einen Eindruck vom Lebensstil wohlhabender Stadtbürger jener Zeit. Die stadtgeschichtliche Ausstellung zeigt auf 400 Quadratmetern die Entwicklung des Raums Bietigheim-Bissingen von der Römerzeit bis zur Mitte des 20. Jahrhunderts. Das Baelz-Kabinett erinnert an den im 19. Jahrhundert in Japan tätigen Bietigheimer Mediziner Erwin von Baelz.

■ ***Ö:*** *Dienstag, Mittwoch, Freitag 14–18 Uhr, Donnerstag 14–20 Uhr, Samstag, Sonn- und Feiertag 11–18 Uhr;* ***L:*** *Hauptstraße 57;*
K/R: *Ja;* ***T:*** *(0 71 42) 7 43 60;*
www.bietigheim-bissingen.de

Seit den 1980er-Jahren hat die Stadt eine **Skulpturensammlung** im Freien mit Werken des 20. Jahrhunderts aufgebaut. Dem liegt die Erkenntnis zugrunde, dass öffentliche Plätze wichtig sind für Begegnungen und dass ihre künstlerische Gestaltung positive Wirkung auf die Betrachter hat.

■ ***L:*** *Hauptstraße 65;*
K/R: *Ja;* ***T:*** *(0 71 42) 7 42 27, Broschüre mit 34 Kunstwerken;*
www.bietigheim-bissingen.de

Die **Städtische Galerie** nutzt zwei Gebäudeteile. Der Altbau zeigt die eigene Sammlung mit den Schwerpunkten Linolschnitt, Hochdruck, Kunst der Region. Der Erweiterungsbau nimmt Wechselausstellungen auf.

■ ***Ö:*** *Dienstag–Freitag 14–18 Uhr, Donnerstag 14–20 Uhr, Samstag, Sonn- und Feiertag 11–18 Uhr, Eintritt frei, im Sommer eine Ausstellung kostenpflichtig;* ***L:*** *Hauptstraße 60–64;*
K/R: *Ja;* ***T:*** *(0 71 42) 7 44 83;*
www.bietigheim-bissingen.de

Pfarrer Flattich im Museum

Das im Alten Schulhaus von 1645 zwischen Rathaus und Pfarrkirche eingerichtete **Heimatmuseum** in Münchingen widmet sich der Kulturgeschichte des Orts. Im Vordergrund stehen Alltagsgegenstände zur bäuerlichen und handwerklichen Vergangenheit. Sie werden ergänzt um Dokumente, Fotos, Modelle und Nachrichten, die geschichtliche, soziale und arbeitstechnische Zusammenhänge

verständlich machen. Den Schwerpunkt bilden die Ortsgeschichte vom 14. bis 19. Jahrhundert, Landwirtschaft und altes Handwerk. An Leben und Wirken des im 18. Jahrhundert für sein soziales Engagement bekannten Münchinger Pfarrers und Pädagogen Johann Friedrich Flattich wird erinnert.

■ ***Ö:*** *Dienstag 15–18 Uhr, Sonntag 11–12 und 14–17 Uhr;* ***L:*** *Kirchgasse 1;* ***P:*** *Museum;* ***K/R:*** *Nein;* ***T:*** *(0 71 50) 92 07 15 25; www.korntal-muenchingen.de*

Auf halbem Weg zwischen Korntal und Münchingen liegt auf freiem Feld der **Ackerlehrpfad**. Auf 900 Quadratmetern werden in zwei mal zehn Meter großen Ackerstreifen die Feldfrüchte des Strohgäus angebaut, dazu auch Neuzüchtungen und fast in Vergessenheit Geratenes wie Linsen, Mohn, Färberdistel. Der Pfad wird jährlich zur Hauptblütezeit Ende Juni mit einem Frühschoppen eröffnet.

■ ***Ö:*** *Ab Ende Juni;* ***L:*** *Rund 1000 Meter südlich des WEG-Bahnhofs »Rührberg«;* ***K/R:*** *Ja,* ***T:*** *(07 11) 83 67 13 26; www.korntal-muenchingen.de*

Die **Gemeindegalerie** gewährt Einblick in die Geschichte Korntals und der evangelischen Brüdergemeinde. Erläutert werden die historischen Umstände, die 1819 zu ihrer Gründung durch den Leonberger Notar und Bürgermeister Gottlieb Wilhelm Hoffmann führten. Seine Idee war der Aufbau einer Gemeinschaft nach dem Vorbild neutestamentlicher Gemeinden.

■ ***Ö:*** *Montag–Freitag 10–12 Uhr und 16–18 Uhr, Samstag 10–12 Uhr;* ***L:*** *Saalplatz 1;* ***K/R:*** *Nein;* ***T:*** *(07 11) 8 39 87 80; www.korntal-muenchingen.de*

Der Strafesel in der Ecke

Das **Schulmuseum Nordwürttemberg** vermittelt in den historischen Räumen eines gut hundertjährigen Schulhauses einen Überblick über die Entwicklung der württembergischen Volksschule vom Zeitalter der Reformation bis in die Gegenwart. Auf rund 500 Quadratmetern Ausstellungsfläche geben mehr als tausend Objekte Einblick in den Schulalltag vergangener Jahrhunderte. Sie veranschaulichen den Wandel im Schulunterricht, die gesellschaftliche Position von Schule und Schulmeister auf dem Lande und zeigen den unterschiedlichen Bildungsgang von Mädchen und Jungen auf dem Dorf. Im alten Schulsaal wird der Besucher in eine Schulstunde vergangener Zeiten entrückt. Das Museum besitzt mehr als 14 000 Sammlungsstücke wie Fibeln und Bilderbücher, Schulwandkarten und wissenschaftliche Geräte. In der Ecke steht der »Strafesel«.

■ ***Ö:*** *Samstag, Sonntag 14–17 Uhr;* ***L:*** *Schillerstraße 13;* ***K/R:*** *Ja;* ***T:*** *(0 71 54) 2 02 74 01; www.kornwestheim.de*

Die **Jugendfarm** ist ein betreuter Abenteuerspielplatz für Kinder zwischen sechs und fünfzehn Jahren. Auf dem einen Hektar großen Spielgelände steht ein Hüttendorf, wird Fußball gespielt und Feuer gemacht, gibt es Tischfußball, Gesellschaftsspiele, werden Hasen gefüttert, wird im Garten gesät, gepflanzt, gegossen und geerntet.

■ ***Ö:*** *Dienstag–Freitag 14–17 Uhr, Samstag 13.30–17 Uhr;* ***L:*** *Im Moldengraben;* ***K/R:*** *Ja;* ***T:*** *(01 76) 96 06 93 36; www.jufa-kornwestheim.de*

Am östlichen Stadtrand liegt gegenüber dem »Golfclub Neckartal« eine **Naherholungsanlage**. Zu ihr gehören ein geräumiger Spielplatz, ein Bolzplatz, mehrere Sitzgruppen, eine Schutzhütte, ein Grillplatz, ein kurzer Barfußpfad und viele Spazierwege ins Grüne.

■ ***L:*** *Südlich der Aldinger Straße;* ***P:*** *An der Anlage;* ***K/R:*** *Ja*

Dorf der Hasenropfer

Die Löchgauer können von Glück sagen, dass **Karl-Henning Seemann** sich im Dorf niedergelassen hat. Seemann ist Bildhauer und stellt seine Arbeiten gern hier und da im Dorf auf – darunter auch Zweitgüsse von ausgeführten Auftragsarbeiten. Auch gibt es Leihgaben, die immer mal wieder für eine Weile den Marktplatz schmücken. Das Original des Rathausbrunnens steht als »Weinskandalbrunnen« in Oberschleißheim, das der Kreuzigungsgruppe am Westgiebel der Peterskirche besitzt Aachen. Ein Löchgauer Original ist der »Hasenropfer-Brunnen« am Lindenplatz. Am Ortsausgang Richtung Besigheim grüßt der »Lörracher Reiter«, der eigentlich der »Zundelheiner« ist aus Johann Peter Hebels Spitzbubengeschichte »Der Heiner und der Brassenheimer Müller«. Seemann wurde 1934 in der Hansestadt Wismar geboren, studierte Bildhauerei in Berlin und Stuttgart, war wissenschaftlicher Assistent an der Technischen Hochschule Braunschweig, Professor in Aachen und Stuttgart. Seine Arbeiten sind in ganz Deutschland verbreitet. In Baden-Württemberg sind sie in Heilbronn, Schwäbisch Hall, Karlsruhe, Gerlingen, Brackenheim, Besigheim oder Freiburg zu finden – und eben in Löchgau.

■ *www.k-h-seemann.de*

Durchs Dorf der »Hasenropfer« führt der 2400 Meter lange **Historische Rundgang**. Er beginnt am Rathaus von 1602, passiert den Marktplatz, umrundet die alte Dorfmauer vorbei an Wette-, Kelter- und Kirchplatz. Auf zwanzig Schautafeln werden die Besonderheiten erklärt. Hasenropfer? Dazu gibt es mehrere Geschichten, die der Besucher sich am besten in Löchgau selbst erzählen lässt. Ihren Spitznamen tragen die Löchgauer seit langem schon – mit Selbstbewusstsein.

■ ***L:*** *Start Hauptstraße 49;* ***K/R:*** *Ja;* ***T:*** *(0 71 43) 2 70 90; www.loechgau.de*

Bei Fuchs und Has

Wenig nördlich des Residenzschlosses liegt der siebzig Hektar große **Favoritepark**, neben dem Feldberg das älteste Naturschutzgebiet Baden-Württembergs. Um seinen Charakter als Weidewald dauerhaft zu sichern, wurde der Wildpark schon 1937 unter Schutz gestellt. Angelegt wurde er für Herzog Eberhard Ludwig von Württemberg (1676–1733), der sich zu seinem Vergnügen gern in die weitläufige Anlage zurückzog. Prächtige Vögel und weiße Hirsche wurden im Park gehalten. Heute finden sich Axis-, Dam- und Muffelwild. Der Besucher trifft aber auch zahlreiche Vogelarten an, dazu immer mal wieder Fasanen, Füchse, Hasen, Marder. Mehr als 200 Jahre alte Fichten prägen weithin den Park. Schnurgerade verbindet eine zweieinhalb Kilometer lange Allee das von 1717 bis 1723 im Park entstandene Jagd- und Lustschloss Favorite mit dem Seeschlösschen Monrepos.

■ ***Ö:*** *April–September 8–19 Uhr, Oktober–März 9–18 Uhr;* ***K/R:*** *Ja;* ***T:*** *(0 71 41) 9 10-22 52; www.ludwigsburg.de*

Der **Planetenweg** wurde nach einer Idee von Schülern des Goethe-Gymnasiums entwickelt. Er verbindet über eine Strecke von sechs Kilometern die Sonne an der Seeschlossallee in Eglosheim mit dem erdenfernsten Planeten Pluto am Südrand des Bietigheimer Forstes. Beim Maßstab eins zu eine Milliarde bedeutet ein Millimeter im Gelände eintausend Kilometer im Weltall.

■ ***L:*** *Start 200 Meter nördlich Favoritepark;* ***K/R:*** *Nein;* ***T:*** *(0 71 41) 9 10-20 73; www.gruene-nachbarschaft.de*

Der **Spielplatz Bärenwiese** liegt in Sichtweite des Residenzschlosses. Er ist mit Rutschen, Schaukeln, Wippen und Klettergeräten ausgestattet. Ein Wasser- und ein Sandspielplatz gehören dazu. Das Spielgelände ist für Kinder zwischen ein und zwölf Jahren gedacht.

■ ***L:*** *Fasanenstraße,* ***P:*** *»Bärenwiese«*

Feuermelder auf dem Turm

Der 1290 urkundlich genannte, vierzig Meter hohe **Obere Torturm** bildete einst das nach Osten führende Stadttor. Der Torwärter öffnete den Zugang am Morgen und verriegelte ihn am Abend. Außerdem zog er das Weggeld ein, eine Art Mautgebühr. Im obersten Stockwerk hatte der Hochwächter seine Wohnung. Er spähte nach ausbrechenden Bränden aus und läutete, sobald er Feuer oder auch nur Rauch wahrnahm, die Alarmglocke. Außerdem hängte er rote Fahnen, bei Nacht rote Laternen aus. Auf fünf Stockwerken mit 95 Treppenstufen erzählt eine Dauerausstellung die Geschichte des Turms und der Stadtbefestigung.

■ ***Ö:*** *11–17 Uhr, sonntags kostenpflichtig, werktags gibt es den Schlüssel kostenlos in der Eisdiele nebenan;* ***K/R:*** *Nein;* ***T:*** *(0 71 44) 89 77 64; www.schillerstadt-marbach.de*

Das **Tobias Mayer Museum** wurde 1997 nach seiner Neugestaltung im Geburtshaus des 1723 zur Welt gekommenen Astronomen Tobias Mayer wiedereröffnet. Gezeigt werden Stationen aus Mayers Leben und zu seinen Arbeiten über Mathematik, Festungsbau, Kartographie, Geographie und Astronomie. Eine Multimediaschau ermöglicht die interaktive Beschäftigung mit Mayers Leben und Werk. Ausgestellt ist auch der erste Mondglobus der Welt, der nach Mayers Entwurf im Jahr 2009 vollendet wurde.

■ ***Ö:*** *Sonntag 14–17 Uhr;* ***L:*** *Torgasse 13;* ***K/R:*** *Nein;* ***T:*** *(0 71 44) 1 69 42; www.tobias-mayer-verein.de*

In einem ehemaligen Waaghäuschen unterhält Dieter Grau ein **Ofenmuseum**. Die rund vierzig historischen Wärmespender wurden um die Wende vom 19. zum 20. Jahrhundert nach dem Zeitgeschmack der Gründerjahre und des Jugendstils hergestellt. Unter den Ausstellungsstücken sind der »Deutsche Hausfrauenofen«, der »Deutsche Försterofen«, ein »Bügeleisenofen«, ein »Ulmer Ofen«, allesamt filigran verzierte kleine Kunstwerke.

■ ***Ö:*** *Nach Absprache;* ***L:*** *Ludwigsburger Straße 15;* ***K/R:*** *Nein;* ***T:*** *(0 71 41) 5 16 15;* *www.schillerstadt-marbach.de*

Wohnkultur der Stadtbürger

Das **Museum Wimpelinhof** ist seit 2008 in einem prachtvollen Fachwerkbau eingerichtet. Er wurde 1599 neben dem Oberen Tor unmittelbar an die innere Seite der Stadtmauer gebaut. Sebastian Wimpelin errichtete 1630 gemeinsam mit seiner Ehefrau Katharina Scheyhing neben dem Wohnhaus die zugehörige Scheune. In ihr ist bis heute ein Rest des Wehrgangs der Stadtmauer erhalten. Dem Besucher zeigt sich das Bauensemble Wimpelinhof in zwei Arten. Da sind einmal die über das gesamte Anwesen verstreuten bauhistorischen Befunde. Sie werden auf Texttafeln als »Zeitspuren« erläutert. Die andere Schauform umfasst die eigentlichen Museumsräume, die mit Ihren Malereien und getäfelten Decken und Wänden frühmoderne Wohnkultur wohlhabender Stadtbürger repräsentieren. Die kulturhistorische Dauerausstellung des Museums widmet sich der Geschichte Markgröningens, der Fachwerkarchitektur, der Schafhaltung und natürlich dem jährlichen (kostenpflichtigen) Markgröninger Schäferlauf.

■ ***Ö:*** *April–Oktober Sonntag 13–17 Uhr;* ***L:*** *Wimpelingasse 1;* ***K/R:*** *Ja;* ***T:*** *(0 71 45) 93 19 70; www.markgroeningen.de*

Elf verschiedene (kostenpflichtige) Führungen durch die Stadt oder auch zu einzelnen Objekten werden angeboten. Kostenlos bleibt der **Online-Stadtrundgang**, der – ausgedruckt – zu zwölf Stationen in der Altstadt führt, darunter der einzigartige Fachwerkbau des Rathauses von 1441, der Marktbrunnen, das älteste Wohngebäude der Stadt von 1347, das Obere Tor, der Kirchplatz und mehr. Markgröningen liegt als einer von rund hundert Orten an der Deutschen Fachwerkstraße. Das Symbol »Schwäbischer Mann« führt vom Marktplatz aus zu dreißig außergewöhnlich sehenswerten Fachwerkbauten.

■ ***L:*** *Start am Rathaus, Marktplatz 1, Faltblatt im Rathaus;* ***K/R:*** *Ja;,* ***T:*** *(0 71 45/1 30); www.markgroeningen.de*

Ein Tempel für Mithras

Am Rand des Industriegebiets »Ottmarsheimer Höhe« liegen die Fundamente einer römischen **Mithraskultstätte** aus dem frühen 3. Jahrhundert. Der Tempel wurde durch eine offene Halle betreten, an die sich ein Vorraum und ein dreischiffiger Kultraum anschlossen. Unter den Fundstücken zeichnen sich zwei kleine Altäre aus, die beiderseits des zentralen Mithraskultbilds standen und heute durch Kopien ersetzt sind. Sie waren den Gottheiten Luna (Mond) und Sol (Sonne) geweiht, wie die Symbole einer Mondsichel und eines durchbrochenen Strahlenkranzes zeigen. Eine Schrifttafel erläutert die Anlage. Wenig nordöstlich der Kultstätte wurde an der Heinrich-Hertz-Straße der Keller eines römischen Gutshofs ausgegraben. Er ist heute mit einem Schutzhäuschen versehen. Text- und Bildtafeln erläutern die vorhandenen Fundamente und die einstige Funktion des Gutshofs. Archäologische Grabungen in den vergangenen Jahren belegen, dass auf der Ottmarsheimer Höhe im 2. und 3. Jahrhundert eine große römische Siedlung stand.

■ *P: Heinrich-Hertz-Straße; K/R: Ja; www.mundelsheim.de*

Westlich des Weinorts Mundelsheim liegt eins der bekanntesten Fotomotive Württembergs: die **Mundelsheimer Neckarschleife**. Fünf Wein- und Obstwanderwege mit Längen zwischen 1400 und 5700 Metern führen in die Vielfalt der Mundelsheimer Landschaft ein und berichten über den Obst- und Weinbau. Wege 1 bis 4 verlaufen in den Weinbergen nördlich und östlich des Orts. Nur Weg 5 bleibt innerhalb der Neckarschleife, muss also über die Brückenstraße der Hessigheimer Neckarstaustufe angefahren werden. Einzigartige Ausblicke bieten die Wege 2 und 4, die miteinander verknüpft werden können und zur Aussichtsplattform »Käsbergkanzel« führen.

■ *K/R: Nein, T: (0 71 43) 81 77 21, Broschüre; www.mundelsheim.de*

Stifter im Flügelaltar

Die ehemalige **Stiftskirche St. Johannes der Täufer** wurde Mitte des 11. Jahrhunderts zur dreischiffigen Basilika umgebaut. Vorausgegangen war ihr ein kleinerer Kirchenbau, der für das 1016 gegründete Kanonissenstift errichtet worden war. Der Bauablauf ist nicht völlig geklärt. Als mittelalterlicher Bauteil ist äußerlich heute nur der Chorbereich erkennbar. Die Seitenwände des Langhauses sind verputzt. Die Turmhaube und das darunter liegende Fachwerkgeschoss wurden 1854 aufgesetzt. Das Innere der Johanneskirche wirkt feierlich, was vor allem aus der zweimaligen Erhöhung des Raums von West nach Ost mit Krypta und Turmkrypta herrührt. Der Flügelaltar von 1512 im südlichen Seitenschiff zeigt außer der Leidensgeschichte Jesu und zahlreichen Heiligen das Stifterpaar Steffan und Adelheid Rühle. Nach Einführung der Reformation 1540 blieb das Stift als adliges Fräuleinstift bis 1803 erhalten.

■ ***Ö:** Mai–Oktober Sonntag 11–13 Uhr; **K/R:** Ja; **T:** (0 70 62) 54 77; www.kirche-oberstenfeld.de*

Seit 2008 besteht im ehemaligen Rathaus des Stadtteils Gronau ein kleines Museum, das **GroMusle**. Einige Frauen hatten sich zusammengetan, um am Ort das »Gronauer Museumle« aufzubauen. Sie gingen von Haus zu Haus, um einzusammeln und aufzubewahren, was noch an altem »Kruscht« vorhanden war. So stammt denn die ganze Einrichtung aus Gronauer Haushalten, vom Sperrmüll, von der Verwandtschaft, auch von Museumsbesuchern, die etwas mitgebracht hatten. Nun vermittelt das GroMusle auf zwei Stockwerken einen Eindruck vom alltäglichen Leben in Gronau um 1950 und früher. Hin und wieder gibt es Sonderausstellungen.

■ ***Ö:** 1. Sonntag im Monat 14–17 Uhr; **L:** Rathausplatz 5; **K/R:** Nein; **T:** (0 70 62) 93 16 53; www.gromusle.de*

Bahnbetrieb im Vorgarten

Eine der größten privaten **Garteneisenbahnen** im Land hat der Bauunternehmer Heinz Knodel in jahrzehntelangem Werkeln in seinem Vorgarten im Stadtteil Hohenhaslach zusammengebaut. Western-Loks dampfen durch ein fast realistisch anmutendes Stück Neumexiko. Österreichische Triebwagen rattern an einer deutschen Raubritterburg vorüber. Die Rhätische Zahnradbahn »Vagun Panoramic« klettert den Berg hinauf. Seit 1975 ist die Anlage im Maßstab 1:22,5 ständig gewachsen und bedeckt heute eine Fläche von

190 Quadratmetern. Der Bahnbetrieb umfasst 340 Meter Gleise, vierzig Lokomotiven und 120 Waggons. Hinzu kommen eine Seilbahn, ein Förderturm, ein Sägewerk, ein Gebirgssee mit heißer Quelle, eine Klosterkirche und eine Dinosaurierhöhle. Alles bewegt sich, rattert und rollt, dampft und pfeift. Die Anlage ist von der Straße aus zu sehen, Garten und Hof können laut Betreiber bei Betrieb der Bahn begangen werden.

■ ***Ö:*** *Heinz Knodel lässt die Anlage häufig sonntags laufen, wochentags kann mittels eines Automaten (1 Euro) eine Lok in Betrieb gesetzt werden;* ***L:*** *Rinnenstraße 31;* ***K/R:*** *Ja;* ***T:*** *(0 71 47) 74 89; www.strombergbahn.de*

Das **Stadtmuseum** präsentiert die Geschichte Sachsenheims und seiner Stadtteile. Ein Rundgang führt in fünf Abteilungen in die »Fabelhafte Welt des Mittelalters«. Es gibt Mitmachplätze und Fühlstationen zu mittelalterlichen Spielen und Kostümen. Aus Häfnerhaslach stammt eine komplette Schusterwerkstatt. Eigene Ausstellungsbereiche gelten den Siebenbürger Sachsen und den Herren von Sachsenheim als einstigem Ortsadel.

■ ***Ö:*** *Dienstag 14–18.30 Uhr, Sonntag 14–17 Uhr;* ***L:*** *Oberriexinger Straße 29;* ***K/R:*** *Ja;* ***T:*** *(0 71 47) 92 23 94; www.sachsenheim.de*

Der **Kulturhistorische Weinlehrpfad** am Geigersberg oberhalb des Stadtteils Ochsenbach erschließt auf einem 2700 Meter langen Rundweg den neugestalteten Weinberghang. Dreißig Stationstafeln beschreiben Anbauarten, Weinbergbewirtschaftung, Bodenverbesserung, Bau und Unterhalt der Trockenmauern.

■ ***P:*** *Am Fuß des Geigersbergs;* ***K:*** *Ja.* ***R:*** *Nein;* ***T:*** *(0 71 47) 2 81 08; www.sachsenheim.de*

Schildmauer und Vorburg

Die **Nippenburg** gilt als älteste Ruine in der Region Stuttgart. Sie wurde vermutlich im 9. Jahrhundert von einem örtlichen Adelsgeschlecht erbaut. Auf drei Seiten schützten ein Abgrund und ein Sumpf die kleine Festung auf dem Bergsporn. Die vierte Seite war mit einer mächtigen Schildmauer und einem vorgelagerten Burggraben gesichert. Erstmals schriftlich genannt wird die Nippenburg 1160 in einer Urkunde des Klosters Hirsau. Ob die Burg jemals angegriffen oder zerstört wurde, ist nicht bekannt. Jedenfalls wurde sie wohl nach dem Dreißigjährigen Krieg nicht mehr gebraucht. Trotz ihrer beherrschenden Lage oberhalb des Tals der Glems wurde sie aufgegeben und verlassen. Die Festung verfiel. Zeitweilig wurde sie als Steinbruch genutzt. Erst im 20. Jahrhundert wurden die einsturzgefährdeten und überwucherten Ruinen freigelegt und gesichert. Erhalten sind die hohe Schildmauer, Teile der Vorburg und die Scheuer aus dem Jahr 1552. Heute befindet sich in unmittelbarer Nachbarschaft eine Golfanlage.

■ *L: Südwestlich von Schwieberdingen; K/R: Ja; T: (0 71 50) 30 50; www.schwieberdingen.de*

Das **Ortsmuseum Im Alten Pfarrhaus** führt auf drei Etagen durch die Lebens- und Arbeitswelt der Vorfahren. Die Dauerausstellung zeigt bäuerliche und bürgerliche Alltagskultur zwischen 1870 und 1920, dabei auch Spiel- und Schulsachen. In der Handwerkskammer sind die einst fürs Leben auf dem Dorf wichtigen Berufe Schreiner, Schneider und Schuster dargestellt. Das Dachgeschoss zeigt ein Ortsmodell. Der tiefe Keller erinnert an die »Lamm-Brauerei« und an Schwieberdingens Vergangenheit als Weinbaugemeinde. Im Museumshof steht eine voll eingerichtete Schmiede.

■ *Ö: 1. und 3. Sonntag im Monat 14.30–17 Uhr; L: Eugen-Herrmann-Straße 5; K/R: Nein; T: (0 71 50) 3 11 98; www.schwieberdingen.de*

Woher die Bonbons kommen

Im Stadtteil Kleinglattbach setzt das **Bonbonmuseum** auf 300 Quadratmetern die Kulturgeschichte der kleinen Süßigkeiten in Szene. Der Rundgang durchs Museum gleicht einer Reise vom Vorderen Orient, der das süße Etwas schon im 8. Jahrhundert kannte, bis in die Gegenwart mit ihrer vollautomatischen Süßwarenproduktion. Erklärt wird auch, woher die Bonbons kommen, wie sie früher hergestellt wurden und wer sie anfangs nicht lutschen durfte. Gezeigt werden Bonbons und ihre Dosen, Herstellungsmaschinen und Werbemittel. Ausgestellt ist zusätzlich ein kompletter, mehr als hundert Jahre alter Stuttgarter Kolonialwarenladen. Dokumentationsfilme zur Bonbonproduktion werden vorgeführt. Schaufensterwerbefiguren können eigenhändig in Bewegung gesetzt werden.

■ ***Ö:*** *Montag–Freitag 14–17.30 Uhr; Samstag 10–12.30 Uhr; Industriestraße 9–11;* ***K/R:*** *Ja;* ***T:*** *(0 70 42) 90 70; www.bonbon-museum.de*

Fünfzehn Stationen umfasst der **Stadtrundgang**. Er beginnt am Marktplatz mit dem 1720 errichteten Barockrathaus, nimmt ein Stück Stadtmauer mit, dazu den Pulver- und den Haspelturm aus dem Mittelalter. Am Weg liegen die Pfarrkirche von 1513 und die im Kern romanische Peterskirche. Auf Schloss Kaltenstein gibt es eine herrliche Aussicht und ein Café.

■ ***L:*** *Marktplatz 5;* ***K/R:*** *Nein;* ***T:*** *(0 70 42) 1 82 35, Faltblatt bei der Tourist-Information; www.vaihingen.de*

In der Peterskirche ist das **Städtische Museum** eingerichtet. Der Ausstellungsraum im Dachgeschoss präsentiert Mineralien und Fossilien, archäologische Funde und eine Chronik zur Stadtgeschichte. Einblick in die Lebens- und Arbeitswelt der jüngeren Vergangenheit vermitteln landwirtschaftliche und handwerkliche Geräte, Trachten und Textilien, bürgerliches und bäuerliches Mobiliar. Der »Sonnenwirt«, ein 1760 hingerichteter Räuber, wird vorgestellt.

■ ***Ö:*** *1. Sonntag im Monat 14–16 Uhr;* ***L:*** *Stuttgarter Straße 31;* ***K/R:*** *Nein;* ***T:*** *(0 70 42) 9 81 00; www.vaihingen.de*

Nahe dem Bahnhof erinnert eine **Gedenkstätte** an eines der Außenkommandos des KZ Natzweiler im Elsass. Es nahm in den Monaten August 1944 bis April 1945 rund 2500 Häftlinge auf, die zum Bau eines Bunkers eingesetzt waren. Rund 1600 kamen in dem Lager um. Sie sind auf dem nahegelegenen Friedhof bestattet. Im Informationsgebäude über den erhaltenen Fundamenten der Bade- und Entlausungsbaracke wird die Geschichte des Lagers vermittelt.

■ ***Ö:*** *Sonntag 14–17 Uhr;* ***L:*** *Fuchsloch 2;* ***K/R:*** *Ja; (0 70 42) 81 77 51; www.gedenkstaette-vaihingen.de*

Im Stadtteil Horrheim führt ein **Weinlehrpfad** den Klosterberg hinauf. Stationstafeln erläutern den Weinbau. Die Rebsortenzeile am Panoramaweg weist vierzig in Deutschland vorkommende Rebsorten auf. Am Pfad liegen Feuerstellen, eine Schutzhütte und Ruhebänke. Die Aussicht reicht zur Schwäbischen Alb, zu den Löwensteiner Bergen und ins mittlere Neckartal.

■ ***L:*** *Start an der Weinsteige 33;* ***K/R:*** *Nein;* ***T:*** *(0 70 42) 1 83 02; www.vaihingen.de*

Enzkreis

Barbarossas Kanzler

Die **Burgruine Löffelstelz** im Stadtteil Dürrmenz bildet Mühlackers markantes Wahrzeichen. Die Burg, die zwar immer eine starke Schildmauer, aber nie einen Bergfried besaß, wurde um 1275 errichtet. Gegen Ende des 15. Jahrhunderts wurde sie ans Kloster Maulbronn verkauft, das aber keine rechte Verwendung für sie hatte. So verfiel die Festung im Lauf der Jahrhunderte. Ein Großbrand machte sie zur Ruine. Die Gemeinde Dürrmenz kaufte 1803 die Reste auf Abbruch. Dennoch sind stattliche Teile des Mauerwerks und der Kellerräume erhalten. Sie wurden gesichert und teilweise restauriert. Im Sommer wird die Ruine für Veranstaltungen genutzt. Bedeutendster Vertreter des Adelsgeschlechts auf Burg Löffelstelz war Ulrich von Dürrmenz als Bischof von Speyer und Reichskanzler unter Kaiser Friedrich Barbarossa. Er starb 1163 in Maulbronn, wo er auch beigesetzt wurde.

■ ***Ö:*** *April–September Sonntag 14–17 Uhr;* ***K/R:*** *Nein;* ***T:*** *(0 70 41) 8 76 10; www.muehlacker.de*

In der ehemaligen Kelter und Zehntscheuer von 1596 ist das **Heimatmuseum** eingerichtet. 3000 Ausstellungsstücke auf 600 Quadratmetern stellen frühere Alltagswelten dar. Archäologische Funde belegen die Besiedelung von der Jungsteinzeit über die Römer und das Mittelalter bis zur Neuzeit.

■ ***Ö:*** *Sonntag 14–17 Uhr, kostenlose Führungen;* ***L:*** *Kelterplatz 5;* ***K/R:*** *Ja bis 3. Etage;* ***T:*** *(0 70 41) 87 63 25; www.muehlacker.de*

An der Einmündung der Heilbronner Straße in die B 10 am Stadtteil Enzberg liegen die konservierten Grundmauern einer **Villa Rustica** aus dem 2. Jahrhundert. Zu dem römischen Gutshof gehörten ein Bad, ein Brunnen und eine rund sieben Meter hohe, dem Gott Jupiter und dem römischen Kaiser geweihte »Gigantensäule«.

■ ***L:*** *Schellenäcker;* ***K/R:*** *Ja;* ***T:*** *(0 70 41) 4 11 83; www.hav-muehlacker.de*

300 Jahre Landesverteidigung

Von der **Chartaque** an der Nieferner Waldschanze bietet sich ein schöner Rundumblick über die Dörfer Enzberg, Eutingen, Kieselbronn und Öschelbronn. Die Chartaque, ein nach historischem Vorbild aufgebauter Wach- und Beobachtungsturm, steht an den Eppinger Linien. Diese nach dem Dorf Eppingen benannte historische Landesverteidigungslinie wurde in den Jahren 1695 bis 1697 gegen die im Lauf des Pfälzischen Erbfolgekriegs (1688–1697) ständig wiederkehrenden Überfälle französischer Truppen angelegt. Das Verteidigungssystem bestand aus einem tiefen Graben und einem dahinter aufgeworfenen Erdwall. In die Böschung waren Palisadenzäune eingelassen. Auf der Feindseite war der Wald streckenweise abgeholzt und in wirrem Durcheinander als »Verhack« liegengelassen worden. Die Eppinger Linien zeigten Wirkung. Die Überfälle hörten auf. Allerdings waren bis dahin schon Pforzheim, Ötisheim, Knittlingen und die Orte im Nagoldtal bis hinunter nach Calw niedergebrannt worden. Teilabschnitte der Eppinger Linien sind bis heute im Gelände erhalten.

■ ***L:*** *Am südlichen Ortsrand von Niefern;* ***T:*** *(0 72 33) 96 22 11; www.niefern-oeschelbronn.de*

Das **Kirnbachmuseum** im Ortsteil Niefern zeigt rund 2000 Ausstellungsobjekte zu unterschiedlichen Themen, darunter Dokumente und Gegenstände aus der Geschichte beider Dörfer an der alten Landesgrenze zwischen Württemberg und Baden.

■ ***Ö:*** *Sonntag 11–12 Uhr;*
L: *Hauptstraße 25;* ***K/R:*** *Nein;*
T: *(0 72 33) 16 20;*
www.niefern-oeschelbronn.de

Aus einer Brandkatastrophe, die 1933 mehr als 200 Häuser in der Ortsmitte vernichtete, ist das **Fachwerkdorf Öschelbronn** hervorgegangen, einer der schönsten Orte im Enzkreis. Die Reichsregierung hatte in den Jahren 1934 und 1935 den Ort zu einem Musterdorf im fränkisch-alemannischen Fachwerkstil wiederaufbauen lassen. Ein Spaziergang durch Garten-, Brühl- und Untere Bachstraße führt zu wunderschönen Fachwerkfassaden.

■ ***K/R:*** *Ja,*
T: *(0 72 33) 96 22 11;*
www.niefern-oeschelbronn.de

Nieferns **Marienkirche** zählt neben Kloster Maulbronn und der Magdalenenkirche in Tiefenbronn zu den drei bedeutendsten Gotteshäusern im Enzkreis. Langhaus und Turm sind um 1500 entstanden, der imposant ausgemalte Chor mit Kreuzrippengewölbe schon hundert Jahre früher. Herausragende Ausstattungsteile sind der vollständig erhaltene spätgotische Lettner und die Holzdecke. Bemerkenswert auch Chorgestühl, Grabdenkmäler und das barocke Altargerät.

■ ***Ö:*** *Nach Voranmeldung;*
L: *Lindenstraße;* ***K/R:*** *Ja;*
T: *(0 72 33) 42 73*

Wisent, Elch und Steinbock

Der **Pforzheimer Wildpark** wurde am 6. Juli 1968 auf einer Fläche von drei Hektar eröffnet. Seither ist er auf 16,5 Hektar gewachsen und beherbergt eine große Schar wilder und zahmer Tiere. Schon im ersten Jahr nach der Eröffnung kamen aus Polen Wisente nach Pforzheim. Seither bildet dies urtümliche, mächtige Geschöpf das Wappentier des Parks. Das Wisent war ursprünglich in den Wäldern Europas, Asiens und in Nordafrika weit verbreitet. Es wird zwei Meter hoch, bis zu dreieinhalb Meter lang und gut 1000 Kilogramm schwer. Mit den Wisenten teilen sich mehr als 400 Säugetiere, dazu auch Fische, Frösche, Vögel aus verschiedenen Weltgegenden den Wildpark. Besonders munter geht es in den Monaten März bis Juni zu, wenn der Nachwuchs sich zeigt. Erst kommen die kleinen Mufflons und Wildschweine zur Welt. Ihnen folgen im April Steinbock und Gams, im Mai Storch, Sikawild, Ren, Rotwild, Elch und Wisent. Der Park führt eine Naturbildungsstätte und einen Kinderbauernhof.

■ ***Ö:*** *Ganzjährig rund um die Uhr, Streichelzoo und Kinderbauernhof schließen gegen 18 Uhr, Parkgebühr = Eintritt, sonst Eintritt frei;* ***P:*** *Tiefenbronner Straße 100 (gegen Parkgebühr);* ***K/R:*** *Ja;* ***T:*** *(0 72 31) 39 33 28; www.pforzheim.de*

Im **DDR-Museum** dokumentiert der Verein »Gegen das Vergessen« Aspekte zur Geschichte der DDR.

Themen sind der Alltag im Land, die Innerdeutsche Grenze, die Berliner Mauer, Strafvollzug, sowjetischer Terror und mehr.
■ *Ö: Sonntag 11–15 Uhr;*
L: Hagenschießstraße 9;
K/R: Nein; T: (0 72 31) 4 24 33 40;
www.pforzheim.ddr.museum/verein.html

Die Schausammlung **Kappelhof** gewährt Blicke in die Zeit vor zweitausend Jahren. Überreste römischer Besiedlung wie Mauerfundamente, Heizungssysteme, Küchen, Latrinen, Brunnen, aber auch Grabmäler, Holzfiguren, Handwerksgerät sind zu sehen. Stege führen über die Ausgrabungen. Schautafeln erläutern die Sammlung.
■ *Ö: Sonntag 11–17 Uhr; L: Altstädter Straße 26; K/R: Nein;*
www.pforzheim.de

Das **Technische Museum** erinnert mit mehr als 700 Maschinen an die Tradition der Pforzheimer Schmuck- und Uhrenindustrie. Die Sammlung reicht vom 18. Jahrhundert über die Zeit der Industrialisierung bis in die jüngste Vergangenheit. Schwerpunkt ist die ständige Weiterentwicklung der Produktionsabläufe mit steigender Spezialisierung.
■ *Ö: Mittwoch 9–12 Uhr und 15–18 Uhr; 2. und 4. Sonntag im Monat 10–17 Uhr; K/R: Ja; L: Bleichstraße 81; T: (0 72 31) 39 28 69;*
www.technisches-museum.de

Rotwild am Trinkwaldsee

Im zehn Hektar großen **Rotwildgehege** ist dienstags und freitags Fütterung. Ums Gehege führt ein sechs Kilometer langer Rundwanderweg. Ein Stück weit geht es am jungen Kraichbach (auch »Kraich« genannt) entlang, der dem Kraichgau den Namen gibt und nach fünfzig Kilometern in den Rhein mündet. Am Trinkwaldsee geht's vorbei und über die Eppinger Linien, ein Verteidigungssystem aus dem späten 17. Jahrhundert. Der Rot- oder Edelhirsch, heißt es im Faltblatt der Touristik-Agentur Sternenfels, ist die größte Art seiner Familie in Mitteleuropa. Er kann eine Körperlänge von zweieinhalb Metern erreichen und entwickelt ein weit ausladendes Geweih. Sein Verbreitungsgebiet erstreckt sich von Westeuropa über ganz Asien bis hin nach Nordamerika. Sogar im nordafrikanischen Atlasgebirge leben Rothirsche.

■ ***Ö:*** *Fütterung 8–9 Uhr an der Hütte am Trinkwaldsee;* ***P:*** *Kraichweg;* ***K/R:*** *Nein;* ***T:*** *(0 70 45) 9 70 11 10, Faltblatt im KOMM-IN; www.sternenfels.de*

Die kulturhistorische Wanderung auf dem **Sandbauernweg** führt in die Geschichte des Abbaus und Mahlens von Stubensandstein ein. Am fünf Kilometer langen Rundweg erzählen Schautafeln vom Arbeitsalltag der »Sandbauern«. Im

Schlossbergturm mit Aussicht auf Vogesen, Pfälzer Wald, Odenwald und Rheintal ist die (kostenpflichtige) Ausstellung »Geschichte und Geologie« eingerichtet.

■ ***L:*** *Start am KOMM-IN, Maulbronner Straße 26;* ***K/R:*** *Nein; www.sternenfels.de*

Den Mittelpunkt der **Erholungsanlage** auf dem Schlossberg bildet, umgeben von vielfältigen weiteren Einrichtungen, der Spielplatz für kleine Wanderer und Spaziergänger. Das »Bergwart« genannte Baumhaus war Vorbild für eine gleiche Anlage auf der Internationalen Gartenbauausstellung Stuttgart 1993.

■ ***P:*** *Schlossberg-Parkplatz;* ***K/R:*** *Ja*

Das Jüngste Gericht

Die erstmals 1347 urkundlich genannte **Pfarrkirche St. Maria Magdalena** ist mit einer ungewöhnlich reichen Zahl an bedeutenden Kunstwerken ausgestattet. Wandmalereien aus der Zeit um 1400 zeigen am Triumphbogen im Chor das Jüngste Gericht, im Kirchenschiff Heiligenbilder. Die Langhauswände sind mit 76 Adelswappen verziert. Die Glasfenster im Chorschluss wurden gegen Ende des 14. Jahrhunderts in Straßburg gefertigt. Der den Chor ausfüllende Hochaltar mit zahlreichen Figuren und bemalten Flügeln wurde 1469 in der bedeutenden Ulmer Werkstatt des Malers Hans Schüchlin hergestellt. Der Magdalenenaltar mit der Jahreszahl 1432 an der Ostwand des südlichen Seitenschiffs stammt vom Maler Lucas Moser aus Weil der Stadt. Weitere herausragende Werke sind der Marienaltar von 1517 und der Kreuzaltar von 1524. Das Sakramentshäuschen ist um 1500 entstanden, der Tabernakel im späten 14. Jahrhundert. War Tiefenbronn ursprünglich Besitz des Klosters Hirsau, ging es später an die Herren von Stein, ehe 1461 die von Gemmingen es erwarben und 1839 ans Großherzogtum Baden verkauften.

■ *Ö: Ostern bis Ende Oktober Dienstag–Sonntag 13.30–16.30 Uhr, ab November Samstag und Sonntag 14–15.30 Uhr; L: Gemmingenstraße 3; K/R: Ja; T: (0 72 34) 42 10; www.tiefenbronn.de*

Die spätgotische **Pfarrkirche St. Alexander** im Ortsteil Mühlhausen wurde um 1495 an Stelle einer kleineren Vorgängerkirche erbaut. Der Hochaltar ist eine Augsburger Arbeit des späten 15. Jahrhunderts. Auf dem Grabdenkmal der Eheleute Hans Dietrich und Magdalena von Gemmingen aus der Zeit um 1600 sind beide Verstorbenen in Lebensgröße betend vor dem Kruzifix dargestellt. Im Turm hängt eine Glocke aus dem Jahr 773, die älteste in Baden.

■ *Ö: Nach Voranmeldung; K/R: Ja; T: (0 72 34) 86 01, Familie Schmid; www.tiefenbronn.de*

Landkreis Reutlingen

Wachsender Wasserfall

Im freien Sturz rauscht der **Uracher Wasserfall** 37 Meter in die Tiefe – je nach Wetterlage zwischen fünf und zehn Liter in der Sekunde, nach starken Regenfällen auch wohl tausend. Lange Trockenperioden lassen den Quell fast versiegen. In Kaskaden stürzt das Wasser anschließend von Fels zu Fels weitere sechzig Meter hinab, ehe es den Brühlbach erreicht und ruhig zur Erms fließt. Der Wasserfall hat ein unterirdisches Einzugsgebiet von zwanzig Quadratkilometern. Nachdem das Wasser die zerklüfteten Kalkfelsen der Alb verlassen hat, strömt es in einer Rinne über eine Hochwiese, ehe es über die Felskante kippt. Es führt große Mengen Kalk mit, der sich im Fließbett und an den Felsen ablagert. So wächst unter dem fließenden Wasser eine »Nase« aus Kalk heran, die sich ständig weiter ins Freie vorschiebt.

■ ***P:*** *P 23;* ***K:*** *Ja (aber großer Umweg zur Hochwiese);* ***R:*** *Nein;* ***T:*** *(0 71 25) 9 43 20; www.badurach.de*

Von **Burg Hohenurach** sind stattliche Teile als Ruine erhalten. Im 16. und 17. Jahrhundert war die Burg zeitweilig Staatsgefängnis. Nach einem Blitzschlag brannte sie 1694 aus. Herzog Carl Eugen ließ 1765 große Teile als Baumaterial fürs Jagdschloss Grafeneck abtragen.

■ ***P:*** *P 19;* ***K/R:*** *Nein; www.badurach.de*

Burg Hohenwittlingen weist als Ruine mächtige Mauerreste auf, vor allem die gut zwanzig Meter lange und dreieinhalb Meter starke Schildmauer. Als Aussichtskanzel bietet sie einen schönen Blick ins obere Ermstal. Auf dem Hofgut Hohenwittlingen hat David Friedrich Weinland gelebt, Autor des Jugendromans »Rulaman«.

■ ***P:*** *P 65;* ***K/R:*** *Nein; www.badurach.de*

In Jahren mit ungerader Endziffer wird der **Uracher Schäferlauf** gefeiert – seit 1723. Samstag ist Leistungshüten in Wittlingen, Sonntag in der Früh »Kleiner Festzug« in der Innenstadt. Weitere Veranstaltungen wie »Großer Historischer Festzug« sowie Wettläufe, Volkstänze und Schäferreigen sind kostenpflichtig.

■ ***K/R:*** *Ja;* ***T:*** *(0 71 25) 9 43 20*

Amphoren aus Marseille

Das **Keltenmuseum** Heidengraben enthält Fundstücke aus Hallstatt- und La-Tène-Zeit. Gagat- und Bronzeschmuck, auch Halbfabrikate von Fibeln belegen um 200 v. Chr. bei Grabenstetten eine der größten Handwerkersiedlungen Südwestdeutschlands. Geborgene Amphoren, die von Massilia, dem heutigen Marseille, nach Grabenstetten gebracht wurden, legen Zeugnis dafür ab, dass einer der ältesten Handelswege Europas über Erkenbrechtsweiler auf die Schwäbische Alb führte. Im Keltenmuseum ist ein besonders schöner, aus Metall gefertigter Achsnagel eines keltischen Wagens zu sehen. Die reichhaltigen Bohnerzfunde um Grabenstetten ermöglichten den Kelten die Anfertigung von Werkzeug, Schmuck und Münzen. Die ältesten im Museum aufbewahrten Funde sind Tongefäße aus der Zeit um 1200 v. Chr vom Gräberfeld am Burrenhof.

■ ***Ö:*** *Mai–September Sonntag 14–17 Uhr;* ***L:*** *Böhringer Straße 7;* ***K/R:*** *Ja;* ***T:*** *(0 73 82) 3 87; www.grabenstetten.de*

Die Wallanlage **Heidengraben** umfasst 1662 Hektar. Sie gilt als größte Keltensiedlung in Deutschland. Angelegt wurde sie vermutlich zum Schutz gegen Germaneneinfälle. Um 100 v. Chr. wurde sie aufgegeben. Außer dem nach mehr als 2000 Jahren noch gut sichtbaren Wall ist von der Siedlung nichts erhalten. Ein rund zwanzig Kilometer langer Rundwanderweg folgt dem Heidengraben.

■ ***P:*** *Baßgeige, Seelenhau, Hochholz;* ***K/R:*** *Streckenweise; www.kelten-heidengraben.de*

Die **Ruine Hofen** bildet den Rest eines Burgstalls. Das bestehende Tor und das Stück Mauer am Halsgraben wurden 1986 rekonstruiert. Die Ruine gehört der Familie Weinland, aus der David Friedrich Weinland stammt, Autor des Jugendromans »Rulaman«. Ein recht steil absteigender Waldweg führt zur kleinen Gustav-Jakob-Höhle.

■ ***L:*** *Östlich von Grabenstetten;* ***K/R:*** *Nein; www.grabenstetten.de*

Wehrhafte Kirche

Die erstmals 1235 schriftlich erwähnte **Johanneskirche** im Ortsteil Unterhausen steht wie seit Jahrhunderten noch immer im wehrhaft ummauerten ehemaligen Friedhof. Der untere Teil des romanischen Glockenturms wurde wohl schon um 1170 als Wehrturm errichtet, später um die fünf Meter hohe Glockenstube aufgestockt und schließlich 1811 zur Gesamthöhe von 31 Metern vollendet. Der rechteckige Chor ist zu großen Teilen mit für den Laien nicht leicht deutbaren Wandfresken aus dem frühen 15. Jahrhundert ausgemalt. Die beiden oberen Reihen stellen in 22 Bildern Szenen aus dem Leben Johannes des Täufers dar. Die unteren Fresken zeigen in elf Bildern die Passion Christi. Am Chorbogen selbst sind die Verkündigung des Engels an Maria, darunter die Reste eines gemalten Wandbehangs zu erkennen.

■ *Ö: April–Oktober; L: Kirchstraße 12; K/R: Ja; T: (0 71 29) 6 08 40; www.unterhausen-honau.de*

Oberhalb des Ortsteils Holzelfingen liegt die **Ruine Greifenstein.** Auf kleinem Raum drängten sich hier einst Wohnraum, Speicher, Gefängnis und der Bergfried. Die Greifensteiner, die auch die verschwundenen Burgen Hochbideck und Burgstein besaßen, lagen in ständigem Zwist mit der Freien Reichsstadt Reutlingen. Schließlich verloren die Reutlinger die Geduld und zerstörten 1311 die drei Burgen. Von den erhaltenen Ruinen des Greifenstein bieten sich schöne Ausblicke auf die Schwäbische Alb und ihr Vorland um Reutlingen.

■ *L: Nördlich von Holzelfingen; K/R: Nein; www.gemeinde-lichtenstein.de*

Hinter der Dobelmühle im Ortsteil Honau sprudelt die **Echazquelle.** In mehreren starken Armen quillt ihr Wasser aus dem Fels. Nach gut zwanzig Kilometern mündet die Echaz in den Neckar.

■ *P: Wanderparkplatz am südlichen Ortsende; K: Ja, R: Nein*

90 Minuten Freie Reichsstadt

Sommers wie winters bietet das Kulturamt kostenlose **Stadtführungen** an. Neunzig Minuten dauert der Rundgang, dessen Mittelpunkt die gotische Marienkirche bildet, eins der wichtigsten Baudenkmäler Württembergs. Der Besucher lernt die Geschichte Reutlingens kennen, erfährt Wissenswertes aus der Vergangenheit der einst Freien Reichsstadt und aus ihrer Gegenwart.

■ **Ö:** *Führungen April– Oktober Freitag 18.30 Uhr, Sonntag 10.30 Uhr, November–März 2. Sonntag im Monat 10.30 Uhr;* **L:** *Start am Marktplatz;* **K/R:** *Nein;* **T:** *(0 71 21) 3 03-28 38; www.reutlingen.de*

Das in einem Fachwerkhaus von 1728 eingerichtete **Naturkundemuseum** zeigt die Natur in und um Reutlingen. Den Grundstock bilden die Sammlungen des 1884 gegründeten »Naturwissenschaftlichen Vereins«. Die Dauerausstellung nutzt klassische und zeitgemäße Formen wie Dioramen und interaktive Elemente.

■ **Ö:** *Dienstag–Mittwoch 11–17 Uhr, Donnerstag 11–19 Uhr, Freitag–Samstag 11–17 Uhr, Sonn- und Feiertag 11–18 Uhr;* **L:** *Am Weibermarkt 4;* **K/R:** *Ja;* **T:** *(0 71 21) 3 03-20 22; www.reutlingen.de*

Das 1890 vom »Verein für Kunst und Altertum« gegründete **Heimatmuseum** im Pfleghof des ehemaligen Klosters Königsbronn präsentiert Reutlinger Stadtkultur vom 13. bis zum 20. Jahrhundert. Eigene Abteilungen zur Vor- und Frühgeschichte wie zur Alltags- und Kulturgeschichte sind geplant.

■ ***Ö:*** *Dienstag–Samstag 11–17 Uhr, Donnerstag 11–19 Uhr, Sonn- und Feiertag 11–18 Uhr;* ***L:*** *Oberamteistraße 32;* ***K/R:*** *Ja;* ***T:*** *(0 71 21) 3 03-20 50; www.reutlingen.de*

Im Stadtteil Betzingen zeigt das **Museum Im Dorf** ländliche Kultur des 19. Jahrhunderts und ihren von der Industrialisierung ausgelösten Wandel. Das in einem ehemaligen landwirtschaftlichen Anwesen eingerichtete Museum nutzt die Räume entsprechend ihrer früheren Verwendung. Zur Information werden zeitgemäße Formen musealer Präsentation genutzt wie Inszenierungen, Texttafeln und chronologische Reihen.

■ ***Ö:*** *April–Oktober, Sonntag 11–18 Uhr;* ***L:*** *Im Dorf 16;* ***K/R:*** *Nein;* ***T:*** *(0 71 21) 3 03-20 50*

Stuttgart

Museen und mehr

Die **Staatsgalerie Stuttgart** gibt in ihrem Museumskomplex Einblick in 700 Jahre Kunst. Die »Alte Staatsgalerie« wurde 1843 als Museum der bildenden Künste eröffnet. Als Erweiterung wurden 1984 die »Neue Staatsgalerie« und 2002 ein zusätzliches Gebäude angefügt. Das internationale Ansehen des Hauses gründet vor allem auf Werkgruppen wie Brücke, Blauer Reiter, Kubismus und den Werkkomplexen von Künstlern wie Baselitz, Beckmann, Beuys, Kiefer, Picasso, Schlemmer.

■ **Ö:** *Mittwoch, Freitag, Samstag, Sonntag 10–18 Uhr, Dienstag, Donnerstag 10–20 Uhr, kostenlos für Kinder bis 12 Jahre, kostenlos für alle Mittwoch und Samstag (außer Sonderausstellungen);* **L:** *Konrad-Adenauer-Straße 30–32;* **K/R:** *Ja;* **T:** *(07 11) 47 04 00; www.staatsgalerie.de*

Zwischen 1763 und 1769 ließ Herzog Carl Eugen von Württemberg **Schloss Solitude** auf den Höhen südwestlich Stuttgarts anlegen. Es zählt mit seiner Innenausstattung zu den herausragenden Architekturensembles Baden-Württembergs und repräsentiert beispielhaft den fürstlichen Bauwillen im ausklingenden Rokoko.

■ **Ö:** *April–Oktober Dienstag–Samstag 10–12 Uhr und 13.30–17 Uhr, Sonn- und Feiertag 10–17 Uhr, November–März Dienstag–Samstag 13.30–16 Uhr, Sonn- und Feiertag 10–16 Uhr, kostenlos nur mit Landesfamilienpass;* **L:** *Solitude 1, im Waldgebiet zwischen S-Botnang und Gerlingen;* **K/R:** *Ja;* **T:** *(07 11) 69 66 99; www.schloesser-und-gaerten.de*

Die **Grabkapelle** auf dem 411 Meter hohen Württemberg liegt an der Stelle der ehemaligen Stammburg der Württemberger Herzöge. König Wilhelm I. ließ den Rundbau 1820 bis 1821 für seine Gemahlin Katharina vom Hofbaumeister Giovanni Salucci errichten. Königin Katharina war im Januar 1819 überraschend nach nicht einmal dreijähriger Ehe im Alter von dreißig Jahren gestorben. In der Grabkapelle ruhen auch König Wilhelm I. und die gemeinsame Tochter.

■ ***Ö:*** *1. März bis 1. November Dienstag–Samstag 10–12.00 Uhr und 13–17 Uhr, Sonn- und Feiertag 10–12 Uhr und 13–18 Uhr, kostenlos nur mit Landesfamilienpass,* ***L:*** *Württembergstraße 340;* ***K:*** *Ja,* ***R:*** *Nein;* ***T:*** *(07 11) 33 71 49 www.schloesser-und-gaerten.de*

Das **Landesmuseum Württemberg** hat seinen Sitz mitten in Stuttgart, im Alten Schloss - ehemals Residenz der württembergischen Herzöge. In der Schausammlung »**L**egendäre**M**eister**W**erke. Kulturgeschichte(n) aus Württemberg« erzählen mehr als 1000 Werke Geschichten aus 250000 Jahren. Auf einem Rundgang mit durchgehender Kinderebene können große und kleine Besucher Ungewöhnliches entdecken: vom eiszeitlichen Löwenköpfchen zum glanzvollen Königinnenporträt, vom keltischen Kultbild bis hin zum barocken Prunkschlitten.

■ ***Ö:*** *Dienstag–Sonntag 10–17 Uhr, kostenlos nur mit Landesfamilienpass;* ***L:*** *Schillerplatz 6;* ***K/R:*** *Ja;* ***T:*** *(07 11) 89 535 111; www.landesmuseum-stuttgart.de*

Das »Junge Schloss«, das erste standortgebundene **Kindermuseum** in der Landeshauptstadt, ist eine Einrichtung des Landesmuseums Württemberg. Die Ausstellungen im Alten Schloss wenden sich an Kinder zwischen vier und zehn Jahren sowie deren Familien. In wechselnden Präsentationen werden kulturgeschichtliche Themen mit Ausstellungsobjekten, interaktiven Vermittlungsebenen und Abenteuerbereichen kindgerecht dargestellt. Im »Jungen Schloss« darf Geschichte auch selbst ausprobiert werden, so können die Kinder beispielsweise in historische Rollen schlüpfen.

■ ***Ö:*** *Dienstag–Sonntag 10–17 Uhr, kostenlos nur mit Landesfamilienpass;* ***L:*** *Schillerplatz 6;* ***K/R:*** *Ja;* ***T:*** *(07 11) 89 535 111; www.junges-schloss.de*

Das **Skateboard-Museum** ist im Keller des Stuttgarter Filmhauses im Stadtzentrum eingerichtet. Es enthält rund tausend Ausstellungsstücke zum Thema Skateboard und ist das einzige Museum dieser Art in Europa. Gezeigt werden neue und benutzte Rollbretter, zugehörige Schuhe und Kleidung, auch Zeitschriften und Plakate. Zu sehen sind zudem Skateboards aus dem frühen 20. Jahrhundert. Filme und Videos runden die Ausstellung ab.

■ **Ö:** *Sonntag 16–20 Uhr;*
L: *Friedrichstraße 23A;*
K/R: *Ja,* **T:** *(01 72) 7 48 42 86;*
www.skateboardmuseum.de

Im **Museum am Löwentor** präsentiert das Staatliche Museum für Naturkunde Stuttgart Fossilienfunde aus der Urzeit Südwestdeutschlands. Auf 3500 Quadratmetern werden die ältesten Dinosaurier Europas, die ältesten Schildkröten der Welt und Meeressaurier der Schwäbischen Alb gezeigt. Es sind fast nur Originalfunde unterschiedlicher Erdzeitalter, die eine Spanne von 600 Millionen Jahren umfassen. Es gibt Mitmachstationen.

■ **Ö:** *Dienstag–Freitag 9–17 Uhr, Samstag, Sonn- und Feiertag 10–18 Uhr, kostenlos nur mit Landesfamilienpass;* **L:** *Am nördlichen Ende des Rosensteinparks;* **K/R:** *Ja;* **T:** *(07 11) 8 93 60;*
www.naturkundemuseum-bw.de

Im **Museum Schloss Rosenstein** des Staatlichen Museums für Naturkunde Stuttgart betritt der Besucher die großen Lebensräume der Erde – darunter tropischer Dschungel, Wüsten, grüne Wälder, arktische Tundra, heimische Natur vom Schmetterling bis zum Rothirsch. Der »Meeressaal« zeigt einen dreizehn Meter langen Seewal einschließlich Innenleben vom Herz bis zum Walbaby. Auch Delfin, Weißhai und Krokodil sind zu sehen.

■ **Ö:** *Dienstag–Freitag 9–17 Uhr, Samstag, Sonn- und Feiertag 10–18 Uhr, kostenlos nur mit Landesfamilienpass;* **L:** *Im Rosensteinpark;* **P:** *Im Wilhelma-Parkhaus;* **K/R:** *Ja;* **T:** *(07 11) 8 93 60;*
www.naturkundemuseum-bw.de

Als Völkerkundemuseum ist das **Lindenmuseum** eine Einrichtung von europäischem Rang. Es umfasst die Abteilungen Afrika, Lateinund Nordamerika, Orient, Ostasien, Südasien und Ozeanien. Große Teile der Bestände kommen aus den ehemaligen deutschen Kolonien in der Südsee und in Afrika.

■ ***Ö:** Dienstag–Samstag 10–17 Uhr, Mittwoch 10–20 Uhr, Sonntag 10–18 Uhr, kostenlos nur mit Landesfamilienpass, kostenlos für alle Mittwoch 17–20 Uhr (außer Sonderausstellungen); **L:** Hegelplatz 1; **K/R:** Ja; **T:** (07 11) 2 02 23; www.lindenmuseum.de*

Das **Haus der Geschichte** Baden-Württemberg zeichnet die Landesgeschichte der letzten 200 Jahre nach. Es stellt den deutschen Südwesten in seiner ganzen Vielfalt dar. Seit seiner Eröffnung im Jahr 1992 hat das Museum mehr als dreißig Ausstellungen erarbeitet. Rund vierzig Prozent der jährlich gut 100 000 Besucher sind jünger als achtzehn Jahre.

■ ***Ö:** Dienstag–Sonntag 10–18 Uhr, Donnerstag 10–21 Uhr, kostenlos für Schüler, ALG-II-Empfänger, Landesfamilienpass; **L:** Konrad-Adenauer-Straße 16; **K/R:** Ja; **T:** (07 11) 2 12-40 02; www.hdgbw.de*

Das 1959 gegründete **Stadtmuseum Bad Cannstatt** dokumentiert Stationen der Ortsgeschichte bis zur Vereinigung mit Stuttgart. Untergebracht ist das 2008 neugestaltete Museum seit 1988 in einem renovierten Nebengebäude des »Klösterle« aus dem 17. Jahrhundert. Urgeschichte wird präsentiert, die Zeit der Römer in Cannstatt von etwa 90 bis 150 n. Chr. vorgestellt, schließlich die Stadtentwicklung zwischen 1330 und 1905. Ein drei Meter breites Diorama zeigt Szenen aus der römischen Vergangenheit Cannstatts.

■ ***Ö:** Mittwoch 14–16 Uhr, Samstag 10–13 Uhr, Sonntag 12–18 Uhr; **L:** Marktstraße 71A; **K/R:** Ja; **T:** (07 11) 2 16-61 98; www.stuttgart.de*

Im **Heimatmuseum Möhringen** sind außer vor- und frühgeschichtlichen Funden Zeugnisse der Ortsgeschichte ausgestellt, darunter Ansichten zu Möhringen, Dokumente aus Vereinen, Hausrat und Arbeitsgerät der bäuerlichen Vergangenheit. Zu sehen sind auch eine Feuerspritze von 1850 und Erinnerungsstücke an den Kammersänger August Kies. Zudem werden die Geschichte Möhringens und seine Leinenwebertradition aufbereitet.

■ ***Ö:*** *Samstag 10–12 Uhr;*
L: *Filderbahnstraße 29;*
K/R: *Nein;* ***T:*** *(07 11) 2 16-61 98;*
www.stuttgart.de

Das 2006 vor den Toren des Stammwerks eröffnete **Mercedes-Benz-Museum** in Bad Cannstatt gewährt mit rund 1500 Ausstellungsstücken einen kompakten Überblick über 125 Jahre Automobilgeschichte. Gezeigt werden 160 Fahrzeuge vom Personenwagen bis zum schweren Nutzfahrzeug. Zwei Rundgänge vermitteln Geschichte und Nutzungsmöglichkeiten des Kraftfahrzeugs.

■ ***Ö:*** *Dienstag–Sonntag 9–18 Uhr, kostenlos für angemeldete Schulklassen und Studentengruppen, Kinder bis 14 Jahre in Begleitung Erwachsener, mit Landesfamilienpass zu vorgegebenen Terminen;* ***L:*** *Mercedesstraße 100, bei der Mercedes-Benz Arena;*
K/R: *Ja;* ***T:*** *(07 11) 1 73 00 00;*
www.mercedes-benz-classic.com/museum

Die **Gottlieb-Daimler-Gedächtnisstätte** in Bad Cannstatt ist ein kleines Gartenhaus. Gottlieb Daimler richtete dort 1882 eine Werkstatt ein, in der er mit Wilhelm Maybach transportable Motoren für Land-, Luft- und Wasserfahrzeuge entwickelte. In dem Gartenhaus entstand 1883 der erste schnell laufende Viertaktmotor. Zwei Jahre später bauten die Erfinder einen kleineren und leichteren Motor in eine umgebaute Kutsche ein – das erste vierrädrige Automobil.

■ ***Ö:*** *Dienstag–Freitag 14–17 Uhr, Samstag und Sonntag 11–17 Uhr;*
L: *Taubenheimstraße 13;*
T: *(07 11) 1 73 00 00;*
www.mercedes-benz.com/classic

Im **Porsche Museum** in Zuffenhausen werden rund achtzig Fahrzeuge und zahlreiche weitere Ausstellungsstücke präsentiert. Darunter weltberühmte Automobile wie die Typen 356, 550, 911 und 917. Auch Modelle aus dem frühen 20. Jahrhundert werden vorgestellt. Spektakulär ist schon der Aufgang vom Foyer in den weitläufigen Ausstellungsraum.

■ *Ö: Dienstag–Sonntag 9–18 Uhr, kostenlos für angemeldete Schulklassen und Studentengruppen, Kinder bis einschließlich 14 Jahre in Begleitung Erwachsener, mit Landesfamilienpass in den Monaten Januar und November; L: Porscheplatz 1; K/R: Ja; T: (07 11) 911-20 911; www.porsche.de/museum*

Im 2008 eröffneten **Gottlob-Auwärter-Museum** in Stuttgart-Möhringen wird das Familienunternehmen Auwärter vorgestellt. Alles begann mit einer kleinen Wagnerwerkstatt, aus der sich ein weltweit tätiges Industrieunternehmen mit NEOPLAN-Produkten entwickelte, bevor es 2001 an MAN verkauft wurde. Auf 38 Stationen erlebt der Besucher Unternehmensgeschichte. Eingerichtet sind auch eine alte Wagnerwerkstatt und eine Schmiede. Zwei Filme stellen das Unternehmen vor und vermitteln einen Blick ins traditionsreiche Wagnerhandwerk.

■ *Ö: Samstag 14–18 Uhr; L: Vaihinger Straße 151/Lautlingerweg; K/R: Ja; T: (07 11) 93 32 68 25; www.auwaerter-museum.de*

Parks und Gärten

Das sogenannte **Grüne U** fasst sechs untereinander verbundene Parks und Gärten zu einer acht Kilometer langen Erlebnis- und Erholungslandschaft zusammen. Sie reicht von der Innenstadt bis zum Kräherwald. Dabei werden auf filigranen Fußgängerbrücken Bundesstraßen und eine Bahnschneise überquert. Den Anfang bilden die 1807 bis 1809 unter König Friedrich I. von Württemberg angelegten »Schloßgärten« mit Staatstheater, Landespavillon, Planetarium, Biergarten, Café, Schlossgartensee und Lusthausruine. Am Neckar in Bad Cannstatt schließt der Rosensteinpark an mit dem Botanisch-Zoologischen Garten »Wilhelma« und drei Museen. Es folgen der erst 1993 eröffnete Leibfriedsche Garten, der Wartberg und schließlich der weitläufige Höhenpark Killesberg mit dem Killesbergturm.

■ ***L:*** *Start im Höhenpark Killesberg oder im Oberen Schlossgarten;* ***K/R:*** *Ja (streckenweise),* ***T:*** *(07 11) 22 28-0, Faltblatt im i-Punkt, Königstraße 1A; www.stuttgart.de*

Der fünfzig Hektar große **Höhenpark Killesberg** im Stadtbezirk Nord bildet eine Art Erlebnispark mit mehreren Kinderspielplätzen, mit Cafés und Tierwiese, mit

Schmalspureisenbahn und einem vom Park abgetrennten Freibad (beide kostenpflichtig). Am höchsten Punkt steht der vierzig Meter hohe, als filigrane Seilnetzkonstruktion errichtete Killesbergturm mit herrlicher Aussicht über Stuttgart und seine Umgebung.

■ ***L:*** *An der Stresemannstraße;* ***K/R:*** *Ja;* ***T:*** *(07 11) 22 28-0, Faltblatt im i-Punkt, Königstraße 1A; www.stuttgart.de*

Der **Rosensteinpark** im Stadtbezirk Bad Cannstatt ist der größte englische Landschaftsgarten in Baden-Württemberg und eine der schönsten Grünanlagen der Landeshauptstadt. König Wilhelm I. von Württemberg ließ ihn in den Jahren 1824 bis 1840 von seinem Hofgärtner Johann Bosch auf dem Kahlenstein anlegen. Weite Wiesenflächen mit alten Bäumen, unterbrochen und gerahmt von weitläufigen Spazierwegen, geben ihm das Gepräge. Der Park steht unter Denkmalschutz und darf nicht verändert werden. König Wilhelm I. ließ auch das klassizistische Schloss am südwestlichen Rand des Parks bauen. Es enthält heute das Staatliche Museum für Naturkunde mit seinen zoologisch-botanischen Sammlungen.

■ ***L:*** *Zwischen Prag-, Neckartal- und Nordbahnhofstraße;* ***K/R:*** *Ja;* ***T:*** *(07 11) 22 28-0, Faltblatt im i-Punkt, Königstraße 1A; www.stuttgart.de*

Die 24 Hektar große, denkmalgeschützte **Parkanlage Villa Berg** im Stadtbezirk Ost wurde Mitte des 19. Jahrhunderts als Landschaftspark für den württembergischen Kronprinzen Karl auf der Anhöhe der »Höllschen Brühl« angelegt. Die 1845 bis 1853 im italienischen Renaissancestil errichtete Villa Berg, die dem Park den Namen gibt, diente dem Kronprinzen als Sommersitz. Villa und Park gehören seit 1913 der Stadt Stuttgart. Das Gebäude wird vom Südwestrundfunk genutzt und ist nicht zu besichtigen.

■ ***L:*** *An der Sickstraße;* ***K/R:*** *Ja;* ***T:*** *(07 11) 22 28-0; www.stuttgart.de*

Im Mai 2010 wurde in Bad Cannstatt auf dem Gelände ehemaliger Steinbrüche der **Travertinpark** eröffnet. Er zieht sich von der Altenburger Steige über die Cannstatter Halde zur Bottroper Straße. In dem geschützten Biotop wird die Erinnerung an die Cannstatter Travertinbearbeitung bewahrt. Auf sieben Schautafeln sind die Entstehung des Gesteins Travertin und die Geschichte der Steinbrüche beschrieben. Altes Steinbruchgerät und die ehemalige Kranbahn wurden restauriert und im Park aufgestellt.

■ ***L:** Zwischen Altenburger Steige und Bottroper Straße; **K/R:** Nein; **T:** (07 11) 22 28-0; www.stuttgart.de/travertinpark*

Der **Kurpark** in Bad Cannstatt zeichnet sich durch alten Baumbestand aus, der zum Teil aus der ersten Hälfte des 19. Jahrhunderts stammt. Am Park liegen das (kostenpflichtige) Cannstatter Mineralbad und der Kursaal, den König Wilhelm I. als klassizistisches Schlösschen erbauen ließ. Im Brunnenhof plätschern die Gottlieb-Daimler-Quelle und der Wilhelmsbrunnen. Der Kursaal dient heute als Tagungs- und Veranstaltungsstätte. Er besitzt einen idyllischen Biergarten mit Freilichtbühne. In der Nähe liegt die Gottlieb-Daimler-Gedächtnisstätte.

■ ***L:** An Wildbader und Taubenheimstraße; **K/R:** Ja; **T:** (07 11) 22 28-0; www.stuttgart.de*

Die **Hohenheimer Gärten,** die zur Universität Hohenheim gehören, sind ein erlesenes Ausflugsziel im Stuttgarter Süden. Der Alte Botanische Garten, der das Schloss Hohenheim im Halbrund umgibt, war früher der Schlosspark. Der Neue Botanische Graten liegt südlich des

Weinbergs am Ende der Jägerallee. Der Exotische Garten ist aus dem Englischen Garten hervorgegangen, den Herzog Carl Eugen und Franziska von Hohenheim anlegen ließen. Große Teile dieses Gartens sind bis heute erhalten. Er wird seit 1996 zum Landesarboretum erweitert. In ihm gedeihen rund 2500 verschiedene Laub- und Nadelgehölzarten. In den Gärten liegen drei Museen.

■ ***P:*** *Frühwirtstraße;* ***K/R:*** *Ja,* ***T:*** *(07 11) 45 92 21 86 oder (07 11) 45 92 30 80; www.uni-hohenheim.de*

Im **Städtischen Lapidarium** im Stadtbezirk Süd werden mehr als zweihundert Plastiken und Überreste zerstörter oder abgetragener Bauwerke der Stadt in einer Art Freilichtmuseum verwahrt. Als bedeutendste Stücke der Sammlung gelten die Jaspisschale der Königin Olga, die Eingangsfassade des Wohnhauses des herzoglichen Baumeisters Heinrich Schickardt, das Portal der großen Mühle in Berg. Italienische Renaissancegärten bilden die Vorbilder für diesen wunderbaren Ort.

■ ***Ö:*** *Mai–September Mittwoch–Samstag 14–18 Uhr, Sonntag 11–18 Uhr;* ***L:*** *Mörikestraße 24/1;* ***K/R:*** *Nein;* ***T:*** *(07 11) 22 28-0; www.stuttgart.de*

Der kleine **Chinagarten** spiegelt die große Welt im Kleinen. So entspricht er der chinesischen Vorstellung, wonach ein Park das Wesen der Welt in ihren vielfältigen Gegen-

sätzen erfahrbar macht. Die hochgezogenen Dachenden folgen der typischen südchinesischen Architektur. Die Mitte des kleinen Parks bildet der Pavillon der vier Himmelsrichtungen mit seiner schönen Aussicht auf den Stuttgarter Talkessel und die umliegenden Höhen.

■ ***Ö:*** *8.30 Uhr bis Einbruch der Dunkelheit;* ***L:*** *Ecke Panorama- und Birkenwaldstraße;* ***K/R:*** *Ja;* ***T:*** *(07 11) 22 28-0; Faltblatt im i-Punkt, Königstraße 1A; www.stuttgart.de*

Zu den beliebtesten Stuttgarter Ausflugszielen zählt der **Rot- und Schwarzwildpark** in den im westlichen Stuttgart gelegenen Wäldern mit seinen schon unter Herzog Christoph von Württemberg 1566 angelegten Stauseen. Der Neue, der Pfaffen- und der Bärensee sollten die Trinkwasserversorgung Stuttgarts verbessern. In dem von Wander- und Spazierwegen erschlossenen Waldgebiet liegen Spielplätze, Grillstellen, Schutzhütten, ein Waldlehrpfad und nah dem Bärensee das Ausflugslokal »Bärenschlössle«. Herzog Carl Eugen von Württemberg hat das Lustschloss 1768 in »altrömischem Baustil« errichten lassen.

■ ***P:*** *Schattengrund, Magstadter Straße, Pfaffensee oder »Solitudetor« an der Wildparkstraße;* ***K/R:*** *Ja,* ***T:*** *(07 11) 69 25 50, Bärenschlössle; www.baerenschloessle-stuttgart.de*

Und was es sonst noch gibt

Die »Mitmach-Ausstellung« im **Haus des Waldes** richtet sich an Kinder, Jugendliche und die ganze Familie. »Themenbühnen« behandeln Aspekte zum Wald. Es geht um seine Bedeutung als Naherholungsraum, als Klimaregulator für Stadtbewohner, als Lebensraum zahlreicher Tier- und Pflanzenarten. Auch der Einfluss der Tropenwälder auf das globale Klima wird behandelt.

■ ***Ö:** Dienstag–Freitag 9–17 Uhr, Sonntag 10–18 Uhr; **L:** Königssträßle 74; **K/R:** Ja; **T:** (07 11) 97 67 20; www.hausdeswaldes.de*

Oberhalb des Neckarufers in Bad Cannstatt liegt der **Stadtstrand**. Auf 120 Tonnen Sand bietet er in der warmen Jahreszeit Liegeplätze, großzügig angelegte Kinderspielplätze mit Wasserspielen, ein Beach-Volleyballfeld. Liegestühle, Bälle und Dusche sind kostenlos. Tagsüber ist der Stadtstrand Erholungslandschaft, abends mehr Freiluftdiskothek.

■ **Ö:** *Bei gutem Wetter ab 12 Uhr, Montag–Freitag bis 23 Uhr, Samstag und Sonntag bis 24 Uhr;* **L:** *Am rechten Ufer zwischen Rosensteinbrücke und Wilhelmasteg;* **K/R:** *Nein;* **T:** *(07 11) 8 06 09 10; www.stadtstrand.com*

Obwohl nur geringe Reste erhalten sind, gilt die **Burg Hofen** im gleichnamigen Stadtteil als größte Burgruine auf dem Gebiet der Landeshauptstadt. Die Höhenburg wurde um 1260 von den Grafen von Württemberg erbaut. Sie hatte den Neckarübergang bei Hofen und den dort verlaufenden Handelsweg zu sichern. Im Dreißigjährigen Krieg brannte die Burg nieder. Von 1783 an wurde sie teilweise abgetragen. Die Quadersteine wurden zum Bau der benachbarten Barbarakirche verwendet.

■ **L:** *Wolfgangstraße;* **K/R:** *Ja; www.stuttgart.de*

Vom **Bahnhofsturm** des Hauptbahnhofs genießt der Besucher einen Rundblick über die Innenstadt und auf die umgebenden Randhöhen. Bei guter Wetterlage kommen am Wochenende gut 2000 Gäste auf die Aussichtsplattform in 56 Metern Höhe. Seit 1998 informiert das »Turmforum« auf fünf Ebenen über das Bahnprojekt »Stuttgart 21«.

■ **Ö:** *Täglich 10–18 Uhr, Donnerstag 10–21 Uhr;* **L:** *Arnulf-Klett-Platz 2, Eingang im Hauptbahnhof;* **K/R:** *Ja;* **T:** *(07 11) 20 92 29 20; www.bahnprojekt-stuttgart-ulm.de*

Landkreis Schwäbisch Hall

Zu Fuß von Kirche zu Kirche

Der **Wanderweg »Von Kirche zu Kirche«** verbindet die beiden Gotteshäuser in Fichtenberg und im Ortsteil Mittelrot. Er ist Teil des Angebots der Evangelischen Kirche in Hohenlohe »Kirchen erwandern – Kirchen verstehen«. Der Weg zur Mittelroter Kirche führt über den Stummelberg mit prächtigem Blick ins Tal zur Kirche St. Georg. Die dem Ritterpatron Georg gewidmete Mittelroter Kirche ist um 1200 gestiftet worden. Sie besitzt einen Flügelaltar von 1499 mit Gemälden aus der Ulmer Werkstatt Bartholomäus Zeitbloms. In die Kirchhofmauer der Fichtenberger Kirche sind zwei Sühnekreuze eingesetzt, die ein scharfes Auge entdeckt. Die Legende erzählt, ein Bauer und sein Sohn seien dort mit einer Pflugschar tödlich verunglückt. Zur Mahnung seien das große Kreuz mit eingeritzter Pflugschar und das kleine Kreuz gestiftet worden.

■ ***L:** Kirchhofmauer Ecke Kirchgasse/Tälestraße, Wandertafeln an beiden Kirchen; **K/R:** Nein; **T:** (0 79 71) 65 88; www.evangelisch-in-hohenlohe.de*

Der reizvoll gelegene **Diebachstausee** wurde 1973 als Rückhaltebecken angelegt. Als sommertags immer mehr Badegäste an das kleine Gewässer kamen, wurde er schließlich als Badesee freigegeben. Er bietet Liegewiesen, Umkleidekabinen und Duschen. Es gibt einen gesonderten Kinderbadestrand.

■ ***P:** Gegen Gebühr bei Badewetter; **K:** Ja; **R:** Nein; **T:** (0 79 71) 9 55 50; www.fichtenberg.de*

Vom **Röterturm** bei Mittelrot, erzählt die Sage, führe ein unterirdischer Weg zur Wirtschaft »Krone« in Fichtenberg. Erbaut wurde der Turm aus Buckelquadern im 12./13. Jahrhundert. Ab 1338, als Albrecht Haug von Rossenstein Besitzer der zugehörigen Burg war, ist die Geschichte des nicht betretbaren Turms gesichert.

■ ***L:** Auf dem Turmberg beim Weiler Mittelrot; **K/R:** Nein; www.fichtenberg.de*

Erinnerung an Karl Schiller

Der **Historische Rundgang** fasst anderthalb Dutzend historische Orte in und außerhalb der Stadt zusammen. Zum Teil sind größere Strecken von einem Platz zum anderen zurückzulegen, wozu Fahrrad oder auch Auto hilfreich wären. Besucht werden das Alte Schloss mit Burghof und Vogteigebäuden und den (kostenpflichtigen) Museen, die Stadtkirche, das ehemalige Rathaus in einem prächtigen Fachwerkbau und das heutige Rathaus im Neuen Schloss jenseits des Kocher. Das Frasch-Mausoleum huldigt dem amerikanischen Erdölpionier Hermann Frasch, der 1851 in Gaildorf geboren wurde. Im »Schillergarten« erinnert sich Gaildorf, dass Friedrich Schillers ältester Sohn Karl in der Stadtkirche mit Luise Locher getraut wurde. Aus gotischer, teils romanischer Zeit stammen die Dorfkirchen in den Stadtteilen Münster und Eutendorf. Nur zehn Minuten sind es vom Parkplatz an der Kohlenstraße zum Haspelsee mit Grill und Kinderspielplatz.

■ ***L:** Start am Rathaus, Schloss-Straße 20; **K:** Ja, **R:** Nein, **T:** (0 79 71) 25 30, Faltblatt im Rathaus; www.gaildorf.de*

Auf Gaildorfs Hausberg Kirgel steht seit 1902 der nach dem Dichter Justinus Kerner benannte Aussichtsturm. Kerner hat in Gaildorf, wo er von 1815 bis 1819 als Oberamtsarzt wirkte, die »Nationalhymne« Schwabens »Preisend mit viel schönen Reden« verfasst. Am Ort kam sein Sohn Theobald zur Welt.

■ ***Ö:*** *Ostern bis Ende Oktober Sonn- und Feiertag, sonst Schlüssel im Rathaus, Baurechtsamt;* ***T:*** *(0 79 71) 25 30; www.gaildorf.de*

Die **Stadtpfarrkirche St. Veit,** ursprünglich aus dem frühen 15. Jahrhundert, wurde 1868 im großen Stadtbrand und erneut im Zweiten Weltkrieg fast völlig zerstört. Der Neubau besitzt weiterhin den Chor von 1433, dazu gut erhaltene, teils vollplastisch ausgearbeitete Grabdenkmäler der Schenken von Limpurg aus dem 16. und 17. Jahrhundert.

■ ***L:*** *An der Kirchstraße;* ***K/R:*** *Ja; www.gaildorf.de*

Historix Hallix in der Stadt

Das **Stadtsuchspiel** für Kinder macht mit der alten Salzsiederstadt Schwäbisch Hall bekannt. Angelegt ist es für Kinder ab etwa zehn Jahren. Ein bärtiger Bursche namens »Historix Hallix« mit großem Dreispitz auf dem Kopf stellt fünfzehn Fragen, deren Antworten in der Altstadt zu finden sind. Das mag anderthalb bis zwei Stunden dauern. Hinterher kennen die kleinen Besucher die Stadt und ihre Geschichte so gut, dass sie ihren Freunden im Brief davon berichten können. Sie haben die gotische Michaelskirche gesehen und die große Treppe, den Marktplatz, das Museum, die Stadtmauer. Sie haben vom Haalgeist erfahren und vom Salzsiederhandwerk, das die Stadt einst reich gemacht hat. Vieles erzählt Historix Hallix von seiner Stadt und hält immer eine Frage bereit. »Wie alt ist Schwäbisch Hall jetzt?«, fragt er, »und wann wurde die große Treppe gebaut und wie viele Stufen hat sie?« Alles endet an der Henkersbrücke.

Für Jugendliche gibt es ein Stadtsuchspiel mit neunzehn Fragen. Der Suchpfad führt durch die Altstadt vom Rathaus über den Markt zur Michaelskirche hinauf, hinunter zum »Schwäbischen Martin Luther«, zum Getreidespeicher von einst, zum Schluss ebenfalls zur Henkersbrücke.

■ ***L:*** *Fragebogen bei Touristik und Marketing Schwäbisch Hall, Am Markt 9;* ***K/R:*** *Nein;* ***T:*** *(07 91) 75 12 46; www.schwaebischhall.de*

Seit 1156 thront die **Michaelskirche** über dem Marktplatz. Die romanische Basilika wurde zwischen 1427 und 1456 durch die gotische Hallenkirche ersetzt. Sie birgt als bedeutende Kunstwerke ein Sakramentshaus von etwa 1438, ein überlebensgroßes Kruzifix von 1494, ein »Heiliges Grab« von 1455 und einen Hochaltar aus der Zeit um 1460. Der Erzengel Michael in der Vorhalle des Turms stammt aus dem 13. Jahrhundert.

■ ***L:*** *Am Marktplatz;* ***K/R:*** *Ja; www.schwaebischhall.de*

Die an mehreren Orten angesiedelte **Kunstsammlung Würth** umfasst mehr als 12500 Gemälde, Skulpturen und Zeichnungen überwiegend zeitgenössischer Stilrichtungen. Der 1935 in Öhringen im Hohenlohekreis geborene Reinhold Würth, der sein Schraubenhandelsunternehmen mit heute gut 60000 Mitarbeitern zum Weltmarktführer in Befestigungs- und Montagetechnik ausbaute, hat die Sammlung im Verlauf fast eines halben Jahrhunderts zusammengetragen. Dauerausstellungen unterhält der Kunstsammler im Museum Würth und in der Hirschwirthscheuer am Firmensitz Künzelsau wie auch in der Kunsthalle Würth und der Johanniterhalle in Schwäbisch Hall. In wechselnden Sonderausstellungen werden ausgewählte Werke gezeigt. Würth unterhält Kunstdependancen in zehn europäischen Auslandsgesellschaften seines Unternehmens. Im Museum Würth in Künzelsau ist zugleich das »Museum für Schrauben und Gewinde« untergebracht. Kunstförderer Würth ist überzeugt, dass Kunst sich motivierend auf die Mitarbeiter eines Unternehmens auswirkt. Deshalb errichtete er schon 1985 in Künzelsau ein Verwaltungsgebäude, das er gleichzeitig mit einer Kunstgalerie ausstattete – das Museum Würth.

■ ***Ö:*** *Kunsthalle Würth täglich 11–18 Uhr;* ***L:*** *Lange Straße 35;* ***P:*** *Parkhaus Alte Brauerei;* ***K/R:*** *Ja;* ***T:*** *(07 91) 94 67 20.*

■ ***Ö:*** *Johanniterhalle Dienstag–Sonntag 11–17 Uhr;* ***L:*** *Im Weiler 1;* ***P:*** *P 4;* ***K/R:*** *Ja;* ***T:*** *(07 91) 94 67 23 30.*

Landkreis Tübingen

Froher Hirtenknab

Die **Wurmlinger Kapelle** auf einem Ausläufer des Spitzbergs wenig südwestlich von Tübingen hat Ludwig Uhland 1805 zu einem Gedicht inspiriert: »Droben stehet die Kapelle / schauet still ins Tal hinab / Drunten singt bei Wies und Quelle / froh und hell der Hirtenknab ...« Die malerisch gelegene Bergkapelle St. Remigius ist nicht der erste Kirchenbau an dieser Stelle. Auf die Fundamente einer romanischen Kapelle aus dem frühen 12. Jahrhundert wur-

de ein gotisches Bauwerk gestellt, das 1644 niederbrannte. Für die immer zahlreicher werdenden Remigius-Wallfahrer wurde 1686 ein schlichter frühbarocker Neubau errichtet. Von der romanischen Kapelle ist die Krypta mit Kreuzgratgewölbe erhalten. Auf den 475 Meter hohen Kapellenberg führt ein Kreuzweg.

■ ***Ö:** Mai–Oktober Sonntag 10–16 Uhr bei gutem Wetter; **P:** Wurmlingen Festplatz oder Uhlandhalle; **K:** Ja, für Sportliche; **R:** Nein; **T:** (0 74 72) 2 21 22; www.rottenburg.de*

Im Juni 2010 wurde die gemeinsam von der Stadt Rottenburg und der Gemeinde Gäufelden angelegte Gedenkstätte »KZ-Außenlager Hailfingen-Tailfingen« eingeweiht. Sie hält die Erinnerung an 600 KZ-Insassen wach, die zwischen November 1944 und Februar 1945 zum Ausbau des nahegelegenen Nachtjägerflugplatzes eingesetzt waren. An der heute waldbedeckten Landebahn wurde ein Mahnmal errichtet.

■ ***Ö:** Dokumentationsraum Sonntag 14–17 Uhr; **L:** Dokumentationsraum, Rathaus Tailfingen, Hauptstraße 39; **L:** Mahnmal am Westende der ehemaligen Startbahn, südlich der Landesstraße L 1359 Tailfingen–Öschelbronn; www.kz-gedenkstaette-hailfingen-tailfingen.de*

Die 1784 errichtete und 1938 verwüstete **Synagoge** in Rottenburg-Baisingen steht seit 1984 unter Denkmalschutz. Das Museum in der Gedenkstätte beschreibt die Landjudengemeinde, ihre Lebensspuren, ihre Verfolgung und ihre Vernichtung.

■ ***Ö:** Sonntag 14–16 Uhr; **L:** Kaiserstraße 59A; **K/R:** Nein; **T:** (0 74 72) 16 53 51; www.rottenburg.de*

Alpingarten am Neckar

Der **Botanische Garten** der Universität dient der Forschung und Lehre, steht aber auch Besuchern offen als Schau- und Erholungsgelände. Die Geschichte des Gartens beginnt im frühen 16. Jahrhundert, als Leonhart Fuchs erstmals an der 1477 gegründeten Hochschule Arzneipflanzen kultivierte. Herzog Friedrich II. ließ 1804 einen neuen Botanischen Garten anlegen. Die heute bestehende Landschaft wurde 1969 eröffnet. Der alte Garten ist seitdem der Stadtpark. Der Botanische Garten enthält Zier-, Nutz- und Heilpflanzen, Gehölze und Stauden. Eine eigene Abteilung gilt der Pflanzenwelt der Schwäbischen Alb. Es gibt einen Weinberg, einen Alpingarten, einen Fuchsienpavillon und Gewächshäuser.

■ ***Ö:*** *Montag–Freitag 7.30–16.45 Uhr, Wochenenden 8–16.45 Uhr;* ***L:*** *Hartmeyerstraße 123;* ***K/R:*** *Ja;* ***T:*** *(0 70 71) 2 97 88 22; www.botgarten.uni-tuebingen.de*

Das 1185 gegründete **Kloster Bebenhausen** ist eine der besterhaltenen mittelalterlichen Abteien im Land. Bei seiner Auflösung 1535 galt es als reichstes Kloster im Herzogtum Württemberg. Später wurde es Jagdschloss der württembergischen Könige. Die von einer dreifachen Ringmauer umgebene Anlage besteht aus Klosterkirche, Klosterbauten und Schlossbereich.

■ ***Ö:*** *April–Oktober Montag 9–12 Uhr und 13–18 Uhr, Dienstag–Sonntag 9–18 Uhr, November–März Dienstag–Sonntag 10–12 Uhr und 13–17 Uhr, kostenlos nur mit Landesfamilienpass;* ***K/R:*** *Ja;* ***T:*** *(0 70 71) 60 28 02; www.kloster-bebenhausen.de*

In der Alten Kelter im Stadtteil Unterjesingen wurde 1986 das **Isinger Dorfmuseum** eröffnet. Es zeigt die ländliche Arbeits- und Lebenswelt am Ende des 19. Jahrhunderts. Bäuerliches Wohnen jener Zeit wird im benachbarten »Zeebhaus« nachgestellt.

■ ***Ö:*** *Mai–November 1. Sonntag im Monat 14–18 Uhr;* ***K/R:*** *Nein;* ***T:*** *(0 70 73) 62 48, www.netmuseum.de*

Rems-Murr-Kreis

Wanderschaft der Kinderwagen

Am Parkplatz »Leinecksee« beginnt ein acht Kilometer langer **Kinderwagenwanderweg**. Er führt zunächst in nördlicher Richtung auf den Ort Brend zu, wo er ins Tal des Flüsschens Lein einschwenkt. Der Kinderwagenweg zieht an der historischen Voggenberger Sägmühle vorüber, tritt wenig später in den Wald ein und erreicht auf dem Kohlhauweg wieder den Ort Brend. Von der Hochfläche

bietet sich ein schöner Blick auf den Höhenzug der südlich gelegenen Schwäbischen Alb. Der Weg hat eine Gesamtsteigung von 148 Metern.

■ ***L:*** *Start am Parkplatz »Leinecksee«;* ***R:*** *Nein;* ***T:*** *(0 71 72) 30 90; www.alfdorf.de*

Ein **Waldtierlehrpfad** mit zwanzig Stationen führt um den nördlich des Ortsteils Pfahlbronn gelegenen Eisenbachsee. An den Stationen sind lebensgroße Tierfiguren versteckt. Es gibt auch Tierstimmen von Reh, Hirsch, Wildschwein und am Kiosk ein Rätselblatt zum Pfad.

■ ***L:*** *Start am Parkplatz am Eisenbachsee;* ***K/R:*** *Nein;* ***T:*** *(0 71 72) 30 90; www.alfdorf.de*

Die **Stephanuskirche** von 1776 gilt als schönste Dorfkirche im Welzheimer Wald. Als Vorbild diente die Stadtkirche Aalen. Die Nordwand hinter Kanzel und Altar trägt seit 1951 als Gefallenen- und Vermisstendenkmal ein großes Wandgemälde.

■ ***L:*** *Untere Schloßstraße 37;* ***K/R:*** *Ja;* ***T:*** *(0 71 72) 93 90 93; www.kirche-alfdorf.de*

Aus dem 37 Kilometer langen **Mühlenwanderweg** bieten sich besonders zwei Abschnitte an. »Rundweg 1« mit 15 Kilometern startet an der Heinlesmühle und führt über Hummelgautsche, Ebersberger Mühle, Brandhofer Öl- und Sägemühle, Menzlesmühle und Hundsberger Sägmühle zurück zur Heinlesmühle. »Rundweg 2« mit 10 Kilometern passiert Voggenberger- und Meuschenmühle.

■ ***L:*** *Start »Rundweg 1« an der Heinlesmühle im Ortsteil Bruckhof, Start »Rundweg 2« am Parkplatz zwischen Döllenhof und Voggenberg;* ***K/R:*** *Nein,* ***T:*** *(0 71 72) 30 90, www.alfdorf.de*

Stein-Zeit in Einöd

Der **Skulpturenpark Lapidarium** nah dem Aspacher Stadtteil Einöd versammelt steinerne Kunstwerke, die auf einem 1998 veranstalteten Bildhauersymposium entstanden sind. Der kleine Park zählt sechs Arbeiten in Stein, die sich unter dem gemeinsamen Thema »Stein-Zeit« zusammenfassen lassen. Zum Skulpturenpark gehört ein weiteres »Kleines Lapidarium«, in dem alte, nicht mehr benötigte Grenzsteine aufgestellt worden sind. Mit der »Flurneuordnung Kleinaspach/Allmersbach am Weinberg« waren diese Grenzmarken überflüssig geworden. Auf Schautafeln wird über die Flurbereinigung berichtet. Die kleine Ausstellung vermittelt auch einen Einblick in die Funde aus Stein- und Römerzeit im Raum Aspach. Zum Lapidarium gehört der Wanderparkplatz von Aspach-Einöd. Ein »Lapidarium« in seiner ursprünglichen Bedeutung stellt eine Sammlung von Bauskulpturen dar, die am eigentlichen Bau durch Kopien ersetzt wurden.

■ ***P:*** *Start Wanderparkplatz bei Aspach-Einöd;* ***K/R:*** *Nein;* ***T:*** *(0 71 91) 21 20; www.aspach.de*

Am Wanderparkplatz »Fautenhau« beginnt ein zwei Kilometer langer **Walderlebnispfad.** Dreizehn Stationen berichten über den Wald und seine Funktionen. Es geht auch um Sehen, Fühlen, Riechen. Am Start erklärt eine Übersichtstafel den Verlauf des markierten Pfads.

■ ***L:*** *Start am Wanderparkplatz »Fautenhau« zwischen Großaspach und Allmersbach am Weinberg;* ***K/R:*** *Ja; www.aspach.de*

Die **Inline-Tour** ist im Jahr 2011 neu ausgeschildert worden. Sie misst jetzt 11,5 Kilometer und führt als Rundkurs von Großaspach über Kleinaspach, Einöd und Allmersbach am Weinberg nach Großaspach zurück. Hinter Einöd liegt eine starke Steigung, im Weinberg starkes Gefälle, es werden Straßen überquert.

■ ***L:*** *Start am Wanderparkplatz »Fautenhau«, Kelter Allmersbach, Kelter oder Wanderparkplatz »Eselsweg« in Kleinaspach, Gewerbegebiet Forstboden Großaspach.*

Kunst in vielerlei Gestalt

In den **Galerien am Stiftshof** werden Kunstausstellungen veranstaltet. Die Galerie der Stadt Backnang im Turmschulhaus widmet sich der aktuellen zeitgenössischen Kunst internationalen Rangs. Das Städtische Graphik-Kabinett im benachbarten Helferhaus zeigt Teile der Backnanger Riecker-Sammlung aus der Kunstsammlung der Stadt, darunter Arbeiten von Albrecht Dürer und niederländischen Kupferstechern. Das Helferhaus beherbergt auch die Galerie des Heimat- und Kunstvereins, der Ausstellungen mit lokalem Bezug veranstaltet. Im Bandhaus hat die »Backnanger Künstlergruppe« ihr Domizil.

■ *Ö: Dienstag–Donnerstag 17–19 Uhr, Freitag–Samstag 17–20 Uhr, Sonntag 14–19 Uhr, L: Stiftshof 2 und 8: K/R: Nein; T: (0 71 91) 34 07 00: www.galerie-der-stadt-backnang.de*

Im **Museum Scheuerle** in Waldrems wird bäuerliches Leben vor hundert Jahren anschaulich gemacht. Gezeigt werden landwirtschaftliche Geräte und Maschinen, eine Bauernküche, eine bäuerliche Wohn- und Schlafkammer. Aufgebaut ist auch eine komplette Schuhmacherwerkstatt.

■ ***Ö:*** *Letzter Sonntag im Monat 10–18 Uhr;* ***L:*** *Remsstraße 18;* ***K/R:*** *Nein;* ***T:*** *(0 71 91) 8 47 89; www.backnang.de*

Der **Weg der Besinnung** wurde 1987 am »Ölberg« an der Stelle eines im Bauernkrieg zerstörten Kreuzwegs angelegt. Der Skulpturenpfad, der beständig erweitert wird, soll zu Muße und Betrachtung anregen. Initiiert wurde er von Stadt, Künstlergruppe und Heimat- und Kunstverein.

■ ***L:*** *Im Innenstadt-Quartier »Ölberg«;* ***K/R:*** *Nein; www.backnang.de*

Das **Ungarndeutsche Heimatmuseum** gilt als größtes seiner Art in Deutschland. Es vermittelt einen Einblick in das geschichtliche, kirchliche, kulturelle, gesellschaftliche und wirtschaftliche Leben und Wirken der Ungarndeutschen vor ihrer Vertreibung Mitte des 20. Jahrhunderts.

■ ***Ö:*** *Mai–Oktober Sonntag 14–16 Uhr;* ***L:*** *Talstraße 1;* ***K/R:*** *Nein;* ***T:*** *(0 71 91) 89 42 56; www.ungarndeutsches-heimatmuseum.de*

Nachdenklicher Spaziergang

Auf dem **Besinnungsweg** am Nordrand des Stadtteils Oeffingen werden Natur, Kunst, Religion und Philosophie an ausgewählten Plätzen zusammengeführt. Grundidee ist, einzelne Orte in der Landschaft so auszugestalten, dass sie zur Rast, gleichzeitig auch zur Auseinandersetzung mit religiösen und weltanschaulichen Fragen anregen. Von den geplanten zwölf Besinnungsorten sind sechs Stationen fertiggestellt. Ihnen ist jeweils ein Thema zugewiesen, das mit Zitaten aus Literatur, Religion oder Philosophie unterlegt ist. Am Werk sind namhafte Künstler wie Timm Ulrichs, Micha Ullman und Jürgen Brodwolf beteiligt.

■ ***P:** Geschwister-Scholl-Straße; **K/R:** Nein; www.besinnungsweg-fellbach.de*

Am Stadion Schmiden liegt ein **Abenteuerspielplatz** als freizeitpädagogische Einrichtung für Kinder zwischen sechs und zwölf Jahren. Er bietet Raum für Spielhaus, Werkstatt, Garten, Wasser- und Feuerstellen, Hüttenbau, Mädchenhaus, Hasenstall, Biotop. Regelmäßige Besuche kosten zwölf Euro jährlich. Drei »Schnupperbesuche« sind kostenlos.
■ ***Ö:*** *Dienstag–Freitag 14–18 Uhr, Samstag 10–16 Uhr, Schulferien Montag–Freitag 12–18 Uhr;* ***L:*** *Nurmiweg 4;* ***K/R:*** *Ja;* ***T:*** *(07 11) 51 61 48; www.abenteuerspielplatz-fellbach.de*

Auf zwei Stockwerken im Rathauskomplex zeigt die **Städtische Galerie** in sechs jährlichen Ausstellungen zeitgenössische Kunst international bedeutender Künstler. Zugleich bietet sie jungen Künstlern ein Podium mit Schwerpunkt auf der Plastik.
■ ***Ö:*** *Dienstag–Freitag 16–19 Uhr, Samstag und Sonntag 14–18 Uhr;* ***L:*** *Marktplatz 6;,* ***K/R:*** *Ja;* ***T:*** *(07 11) 5 85 14 17; www.fellbach.de*

In einem prachtvollen Fachwerkbau von 1680 präsentiert das **Stadtmuseum** Vor- und Frühgeschichte, Fellbacher Kirchengeschichte, den Nachlass der Lehrerfamilie Auberlen sowie eine Mörike-Gedächtnisstätte. In der Alten Kelter mit originalgetreuer Küferwerkstatt wird Fellbachs Weinbaugeschichte dargestellt.
■ ***Ö:*** *Dienstag–Sonntag 14–18 Uhr;* ***L:*** *Hintere Straße 26;* ***K/R:*** *Nein;* ***T:*** *(07 11) 58 51 391; www.fellbach.de*

Wacht am Limes

Auf dem 536 Meter hohen Heidenbuckel steht der erste rekonstruierte steinerne **Limeswachturm** Baden-Württembergs. Er wurde 1982 an der Stelle aufgebaut, an der 1892 die Grundmauern eines römischen Wachturms aus dem 2. Jahrhundert freigelegt worden waren. Der Turm besteht aus einem fensterlosen Vorratsraum im Erdgeschoss und dem Wohnraum der Turmbesatzung im ersten Obergeschoss. Darüber liegt der Raum für den Wachdienst mit freier Sicht in alle Himmelsrichtungen. Der Eingang zum Turm führte aus Sicherheitsgründen über eine Leiter ins erste Obergeschoss. Dieses Detail wurde in der Rekonstruktion nicht berücksichtigt. Wall, Graben und ein Stück Palisadenwand sind wiederhergestellt. Zusätzlich wurde eine Schneise in den umgebenden Wald gelegt, die auf dem schnurgerade ausgerichteten früheren Limes, der römischen Reichsgrenze, verläuft.

■ ***Ö:*** *30. April bis 17. Oktober Sonn- und Feiertag 11–16 Uhr, sonst Schlüssel im Rathaus;* ***L:*** *Im Wald südlich von Großerlach-Grab;* ***K/R:*** *Nein;* ***T:*** *(0 79 03) 9 15 40; www.grosserlach.de*

Ein bleibendes Zeugnis vom »Silberrausch« im Schwäbischen Wald bildet der kleine **Silberstollen** »Gabe Gottes«. Er wurde 1773 in den Berg getrieben, um Silber, wenigstens aber Kohle zu finden. Nach knapp einem Jahr vergeblichen Schürfens war der Rausch verflogen. Der restaurierte Stollen nah dem Freizeitzentrum ist auf dreißig Metern beleuchtet und begehbar.

■ ***P:*** *Ende der Gartenstraße;* ***K/R:*** *Nein;* ***T:*** *(0 79 03) 9 15 40, Schlüssel im Rathaus; www.grosserlach.de*

Großerlachs Bürgermeister hat die Planskizze fürs **Wassertretbecken** am Silberstollen selbst entworfen. Die Anlage fügt sich bestens in die reizvolle Umgebung ein. Das Quellwasser kommt aus einem Seitengang des Besucherbergwerks »Silberrausch«. Eine Schautafel erläutert den gesundheitsfördernden Umgang mit dem Wasser.

■ ***P:*** *Ende der Gartenstraße; www.grosserlach.de*

Afrikaforscher von der Rems

Das **Museum unter der Y-Burg** wurde 1987 in dem um 1600 errichteten Kanzleigebäude des Erbmarschalls Konrad Ludwig Thumb zu Neuburg im Ortsteil Stetten eröffnet. Es bereitet die Geschichte Kernens und seiner beiden Ortsteile Stetten und Rommelshausen auf. Außerdem wird im ersten Obergeschoss an den 1837 in Stetten geborenen Afrikaforscher Karl Mauch erinnert. Der gelernte Schulmeister hatte zwischen 1865 und 1871 das südliche Afrika durchwandert. Er entdeckte große Goldfelder und schließlich die Ruinenstadt Simbabwe. Mauch starb mit 38 Jahren in Blaubeuren. Eine weitere Ausstellung gilt dem Stettener Lehrer und Künstler Andreas Friedrich Mochel. Das zweite Obergeschoss zeigt die Dauerausstellung »Vom Flachs zum Hemd«. Außerdem sind auf dieser Ebene eine historische Schuhmacherwerkstatt und eine Schreinerei eingerichtet.

■ ***Ö:*** *Sonntag 15–18 Uhr (außer August);* ***L:*** *Hindenburgstraße 24;* ***K/R:*** *Nein;* ***T:*** *(0 71 51) 4 67 44; www.kernen.de*

Von weither ist die **Y-Burg** als Wahrzeichen des Ortsteils Stetten zu sehen. Um 1300 hatten die Herren von Stetten mit dem Bau begonnen, ihn aber erst mal nicht zu Ende geführt. Inzwischen nämlich hatten sie sich für ein Wasserschloss entschieden. Die Y-Burg war nur zeitweilig bewohnt, ab 1690 überhaupt nicht mehr. Herzog Carl Eugen von Württemberg ließ sie bis auf die Außenwände abtragen.

■ ***K/R:*** *Ja,* ***T:*** *(0 71 51) 4 01 41 13; www.kernen.de*

Durch die Weinberglagen »Pulvermächer«, »Brotwasser« und »Lindhäkler« läuft der **Stettener Weinweg**. Der gut einstündige Rundgang passiert mehr als dreißig Schautafeln, die über den Wein, seine Sorten, seinen Anbau berichten, auch manch Kurioses mitteilen. Der Weg führt einmal um die Y-Burg und bietet prächtige Ausblicke übers Remstal.

■ ***L:*** *Start am Stettener Rathaus;* ***K/R:*** *Ja; www.weinweg.de*

Köpfe am Korber Kopf

Im Mai 2007 wurde nah dem »Berghäusle« am »Korber Kopf« ein **Skulpturenrundweg** eröffnet. Die Idee zu den »Korber Köpfen« hatte der 1941 geborene Bildhauer Guido Messer, der nach Goldschmiedelehre und Bildhauereistudium seit 1982 als freier Künstler in Korb lebt. Er ist zugleich Kurator der jährlich wechselnden Kopf-Schau. Die Kunstwerke, heißt es in Korb, wollen erfreuen, bestaunt werden, vielleicht sogar provozieren. Jedenfalls belegen sie an einem der schönsten Plätze des Remstals, wie Kunst und Natur eine gelungene Beziehung eingehen können. Zehn Arbeiten, geschaffen von renommierten Künstlern, aber auch von Schulen, Vereinen und Organisationen, bilden seither einen kulturellen Anziehungspunkt im Weinberg. Die »Köpfe am Korber Kopf« werden jeweils Mitte Mai neu aufgestellt, so dass Besucher in jedem Sommer neue Arbeiten finden.

■ ***P:** Wanderparkplatz am Hanweiler Sattel; **K/R:** Ja; **T:** (0 71 51) 9 33 40; www.korb.de*

Das **Steinzeitmuseum** im ehemaligen Rathaus Kleinheppach bewahrt eine der bedeutendsten heimatkundlichen Privatsammlungen Baden-Württembergs. Die Ausstellung zeigt Funde aus Steinzeit, Römerzeit und Mittelalter, eine volkskundliche Sammlung des 18. bis 20. Jahrhunderts sowie Mineralien, Kristalle und Gesteine.

■ ***Ö:** 1. und 3. Sonntag im Monat (außer August) 14–16 Uhr; **L:** Schulstraße 11; **K:** Ja; **R:** Nein; **T:** (0 71 51) 60 65 32; www.korb.de*

Von der erstmals 1476 erwähnten, im Dreißigjährigen Krieg zerstörten spätgotischen **Wallfahrtskirche** in Steinreinach ist der viergeschossige Glockenturm mit Teilen der Langhauswand erhalten. Die Mauern mit Maßwerkfenstern und gotischem Chorbogen wurden 2008 restauriert und bilden nun ein Kulturdenkmal im Ortskern. Bei der Kirche gibt es ein Freiluftschachfeld und einen Bouleplatz.

■ ***L:** Turmstraße; **K/R:** Ja; www.korb.de*

Sprungbrett zum Naturpark

Das **Naturparkzentrum** führt in seiner Ausstellung in den gut 900 Quadratkilometer großen »Naturpark Schwäbisch-Fränkischer Wald« ein. In der interaktiven »Naturpark-Erlebnisschau« wird mit Filmen, Schautafeln und Ausstellungsstücken in einer knappen Stunde ein Querschnitt durch vergangene Zeiten, die Natur in den Waldbergen, das Wirken des Menschen und das kulturelle Erbe des Naturparks vorgestellt. »Erlebnisstationen« klären auf über Waldlandschaft, über Römer und Germanen, Glashütten und Räuber, Mühlen und Flößerei, Tiere, Pflanzen und mehr.

■ ***Ö:*** *Montag, Dienstag, Donnerstag 10–12.30 Uhr und 14–17 Uhr, Freitag 10–12 Uhr und 13 –16 Uhr, Wochenende, Feiertag 10–16 Uhr;* ***L:*** *Marktplatz 8;* ***K/R:*** *Nein;* ***T:*** *(0 71 92) 21 38 88; www.naturpark-sfw.de*

Auf dem Rißberg südöstlich des Stadtkerns führt eine knapp vier Kilometer lange Rundwanderung am Aussichtsturm vorüber ins **Felsenmeer**. Das Chaos aus riesigen Felsbrocken ist aus einem Bergsturz mit zwei treppenartig abgeglittenen Sandsteinschollen entstanden. Hinter Felsblöcken und Baumstümpfen scheinen sich Trolle, Wichtel und Elfen zu verbergen.

■ ***P:*** *An der L 1119;* ***K/R:*** *Nein;* ***T:*** *(0 71 92) 21 37 77, Faltblatt bei der Tourist-Info, Marktplatz 8; www.murrhardt.de*

Östlich des Stadtteils Fornsbach liegt das **Freizeitgebiet »Waldsee«** mit 20 000 Quadratmetern Wasserfläche, mit Liegewiesen und weitläufigem Spielgelände. Sanitäranlagen, Umkleidekabinen, Kiosk und Gaststätte sind vorhanden. Viele Spielgeräte sind frei verfügbar. Tret- und Ruderboote, Mini-Express und Minigolf sind kostenpflichtig.

■ ***P:*** *Am Waldsee, gegen Gebühr;* ***K/R:*** *Ja;* ***T:*** *(0 71 92) 21 32 23, Faltblatt Waldseebetriebe; www.murrhardt.de*

Vier Meter dicke Mauern

Hoch über dem Tal der Murr ließ Markgraf Hermann V. von Baden um 1225 **Burg Reichenberg** als weithin sichtbare, starke Festung errichten. Die fünfeckige romanische Anlage auf der Kante eines Bergsporns ist vollständig erhalten. Gegen das Vorgelände schützt sie ein Graben. Auf drei Seiten ist sie von einer Ringmauer aus Buckelquadern eingefasst, an die Wohnräume, Wirtschaftsgebäude und Stallungen angebaut sind. Der dreißig Meter hohe runde Bergfried mit einem Durchmesser von zwölf Metern und vier Meter dickem Mauerwerk steht dicht an der Mauer und beherrscht die Burg. Reichenberg gilt als eine der bedeutendsten mittelalterlichen Festungen in Württemberg. Seit 120 Jahren sind in der Burg diakonische Einrichtungen untergebracht. Heute betreut die Paulinenpflege Winnenden in einem Wohnheim Menschen mit Behinderungen. Weite Teile der Burg Reichenberg wie Bergfried, Kapelle, Burgmauer und Außenanlagen sind frei zugänglich.

■ *L: Obere Ortsstraße 1;*
K/R: Nein; T: (0 71 91) 48 40;
www.burg-reichenberg.de

Die **Jakobuskirche** wird 1354 erstmals genannt. Standbilder erinnern an das Rittergeschlecht von Sturmfeder. Den bedeutenden Schnitzaltar aus einer Ulmer Werkstatt stifteten um 1450 Erich Sturmfeder und Lucia von Hornstein.

■ *L: Hauptstraße 42; K/R: Ja;*
T: (0 71 91) 43 68, Schlüssel Heinrich Bernhardt;
www.oppenweiler.de

Im späten 18. Jahrhundert wurde das achteckige **Wasserschloss**, das heute Rathaus ist, an der Stelle einer mittelalterlichen Wasserburg erbaut. Dem zentralen Treppenhaus ist ein Aussichtspavillon aufgesetzt. Den Landschaftspark ums Schloss hat Friedrich Ludwig von Sckell entworfen, der in den Jahren 1776/77 auch den Schlosspark Schwetzingen plante.

■ *L: Schloßstraße 12;*
K/R: Ja; T: (0 71 91) 48 40;
www.oppenweiler.de

Museum zum Anfassen

Die **Michelauer Ölmühle** von 1754 ist die älteste an ihrem ursprünglichen Standort erhaltene Ölmühle Baden-Württembergs. Bis 1955 wurde aus Leinsamen, Walnüssen, Bucheckern, Kürbiskernen und Raps Speiseöl gewonnen. In ihren letzten Betriebsjahren hielt allerdings ein Motor das Mahlwerk in Bewegung, seit das Holzwehr von einem Hochwasser weggerissen worden war. Das Wasserrad konnte nicht mehr angetrieben werden, der Mühlbach wurde zugeschüttet. Seit 2010 dreht sich das Wasserrad mit Motorkraft. Ein Stück des Mühlbachs wurde wieder geöffnet. In dem »Museum zum Anfassen« können vor allem Kinder an historischem Gerät arbeiten, sich am Webstuhl versuchen, die Hand über den mächtigen Mahlstein führen. Unterm Dach ist ein kleines Flachsmuseum eingerichtet, das die Verwertung der Pflanze zu Leinöl und Leinen zeigt.

■ **Ö:** *April–Oktober Sonn- und Feiertag 13–18 Uhr;* **P:** *Bahnhof Michelau;* **K/R:** *Nein;* **T:** *(0 71 83) 30 05 15; www.rudersberg.de*

Der **Streuobst-Lehrpfad** im Ortsteil Schlechtbach führt als drei Kilometer langer Rundweg durch eine zauberhafte Landschaft. Fünfzehn Schautafeln berichten über Streuobst, Blumenwiesen, Vogelwelt und Kleinbiotope.

■ **L:** *Gewerbegebiet Fuchshau, 1. Straße rechts;* **K/R:** *Nein;* **T:** *(0 71 83) 27 45; www.rudersberg.de/streuobstwiesen.pdf*

Burg Waldenstein über dem Wieslauftal wurde vermutlich im 12. Jahrhundert erbaut. Ein Brand fügte ihr 1819 große Schäden zu. Nur Teile der mittelalterlichen Wehrmauer sind erhalten. Zum Burggasthof gehören Rittersaal und Burgstüble. Von der Terrasse bietet sich ein schöner Blick über den Welzheimer Wald und das Wieslauftal.

■ **Ö:** *Gasthof Donnerstag–Montag ab 11.30 Uhr;* **K/R:** *Nein;* **T:** *(0 71 83) 93 87 60; www.burg-waldenstein.de*

Büchsenmacher erfindet das Auto

Das **Gottlieb-Daimler-Geburtshaus** wurde zwischen 1695 und 1718 gebaut und 1979 von der Daimler AG erworben. Nach der Sanierung richtete das Unternehmen im Erdgeschoss ein kleines, dem Firmengründer Gottlieb Daimler gewidmetes Museum ein. Bis auf geringfügige Veränderungen im hinteren Gebäudeteil ist die Raumaufteilung unverändert. Hier verlebte der am 17. März 1834 geborene Ingenieur gemeinsam mit den Brüdern Johannes, Karl Wilhelm und Christian Albert seine Kindheit. Die Ausstellung umfasst Originalstücke, Modelle und Dokumente aus der Schaffenszeit Gottlieb Daimlers, darunter sein Gesellenstück. Einige Tierzeichnungen belegen, dass der Erfinder auch zeichnerisches Talent besaß. Vater Johannes Daimler betrieb im Haus seine Bäckerei und eine Weinstube. Sohn Gottlieb erlernte zunächst das Büchsenmacher-Handwerk.

■ **Ö:** *Dienstag–Freitag 14–17 Uhr, Samstag und Sonntag 11–17 Uhr;* **L:** *Höllgasse 7;* **K/R:** *Ja;* **T:** *(0 71 81) 6 02-1 40; www.schorndorf.de*

Attraktion im **Museum für 3dimensionale Fotografie** ist das »View-Master-System«. Mit dem Bildbetrachter lassen sich auf einer runden Scheibe angeordnete Dias dreidimensional anschauen. Auch Stereoglasplatten von 1890, Stereokameras, Stereoskope und dreidimensionale Bilder sind zu sehen.

■ **Ö:** *Samstag 10–17 Uhr;* **L:** *Hetzelgasse 15;* **K/R:** *Ja;* **T:** *(0 71 81) 48 98 24; www.3d-sus.de*

In seinem **Comic Museum Piccolo** zeigt Robert Reutter einige hundert Comics, die er in seiner Jugend gesammelt hat. Unter ihnen »Helden« aus den 1950er-Jahren wie Akim, Falk, Marco, Sigurd, Tibor. Eine Kindertruhe mit Lesestoff enthält auch neuere Comics. Es gibt gemütliche Ecken zum Schmökern.

■ **Ö:** *Nach Voranmeldung;* **L:** *Römmelgasse 18;* **K/R:** *Nein;* **T:** *(0 71 81) 7 48 30; www.schorndorf.de*

Vorsicht, Rutschgefahr!

Der **Bergrutschrundweg** oberhalb des Urbacher Freibads verweist auf ein gewaltiges Naturspektakel. Am 7. April 2001 war dort mit Getöse eine drei Hektar große Fläche am Berghang abgebrochen und in die Tiefe gerutscht. Mitgerissen wurden ein Dutzend Wochenendhäuser und mehr als hundert Kleingärten. Zurück blieb

eine 240 Meter breite und 17 Meter hohe Felswand aus Sandstein. Dieses neue Urbacher Wahrzeichen ist seit April 2007 durch einen drei Kilometer langen Rundweg erschlossen. An sechs Stationstafeln erfahren Freizeitgeologen und Naturliebhaber, was da passiert ist am

»Kirchsteig«. Auch zur Geschichte Urbachs, zu Geologie, Flora und Fauna der Region wird berichtet.

■ ***P:*** *Freibad, zu Fuß bergan zur Tafel Brünnele, weiter wie markiert;* ***K/R:*** *Nein;* ***T:*** *(0 71 81) 8 00 70, Faltblatt in der Gemeindeverwaltung;* ***T:*** *(0 71 81) 8 36 25, Hans Fritz führt nach Absprache durch den Rutschhang; www.urbach.de*

Im weitläufigen Gemeindewald verläuft der **Wald-Erlebnis-Lehrpfad Bärenbach**. Auf zehn Stationstafeln werden der Nutzen des Waldes und seine Schutz- und Erholungsfunktionen erklärt. Kinder und Jugendliche, aber auch Erwachsene sollen den Lebensraum Wald kennenlernen und Verständnis für die Bedürfnisse der Natur entwickeln. Knapp die Hälfte der Gemarkung ist mit Wald bedeckt.

■ ***P:*** *Waldparkplatz »Hagsteige«;* ***K/R:*** *Nein;* ***T:*** *(0 71 81) 8 00 70, Broschüre in der Gemeindeverwaltung; www.urbach.de*

Am **Obstlehrpfad Linsenberg** informieren zauberhaft schöne, von den Urbacher »Töpferfrauen« entworfene und gebrannte tönerne Stationstafeln über Obstbau, Gehölze, Ökologie und Landschaft. Als Führer auf dem Pfad bietet sich Käfer Anton an. Unterwegs finden sich schöne Ausblicke ins Rems- und Wieslauftal, zum Schurwald und zum Welzheimer Wald.

■ ***P:*** *Wittumhalle, Linsenbergweg aufwärts;* ***K/R:*** *Nein*

Kunst auf und aus Papier

Die städtische **Galerie Stihl Waiblingen** bildet gemeinsam mit der in ihrer unmittelbaren Nachbarschaft liegenden »Kunstschule Unteres Remstal« ein kulturelles Zentrum zwischen der historischen Stadtmauer und dem Ufer der Rems. Die Galerie sieht ihren Schwerpunkt in Arbeiten aus und auf Papier. Das Ausstellungsprogramm gliedert sich in drei Gebiete. Als klassische Arbeiten auf Papier gelten Zeichnungen, Druckgrafiken, Aquarelle und Collagen aus Vergangenheit und Gegenwart. Neben ihnen stehen Arbeiten auf Papier als Massenkommunikationsmittel wie Karikaturen, Bildergeschichten, Comics, Bilderbogen und Plakate. Zur dritten Kategorie schließlich zählen angewandte Zeichnungen aus Architektur, Design und Technik wie Bau-, Konstruktions- und Modezeichnungen.
■ *Ö: Dienstag–Sonntag 11–18 Uhr, Donnerstag 11–20 Uhr, kostenlos für Kinder bis 16 Jahre und Schüler, kostenlos für alle Freitag 14–18 Uhr; L: Weingärtner Vorstadt 12; K/R: Ja; T: (0 71 51) 50 01-6 66; www.galerie-stihl-waiblingen.de*

Der drei Kilometer lange **Wald-Erlebnis-Pfad** vermittelt auf dreißig Schautafeln Einblicke in den Lebensraum Wald. Sie sind nach pädagogischen und didaktischen Grundsätzen gestaltet und auch für Kinder gut verständlich. Der Rundweg führt über Hörnleskopf und Kreuzeiche.
■ *P: Parkplatz am Hanweiler Sattel; K/R: Ja; www.waiblingen.de*

Im Stadt- und Landschaftspark »Talaue« liegt neben dem Hallenbad eine 1320 Quadratmeter große **Skatinganlage** mit Mini-Half-Pipe, zwei mobilen Quarter-Pipes, zwei Fun-Boxen, einer Spin-Ramp, einer Rail, einer Sprungschanze und einem Slalomparcour. Am Rand hat die Stadt »Lümmelbänke« aufstellen lassen – speziell auf die Gewohnheiten junger Leute ausgerichtete Sitzmöbel.
■ *L: An der Talaue 10; K/R: Ja; www.waiblingen.de*

Schwäbischer Impressionismus

Das private **Museum Nuss** in Weinstadt-Strümpfelbach hat Fritz Nuss als Leiter der Bildhauerklasse an der Stuttgarter Akademie der Bildenden Künste gemeinsam mit seinem Sohn, dem freiberuflichen Bildhauer Karl Ulrich Nuss, in einem alten Weingärtnerhaus eingerichtet. Die Sammlung bietet einen Überblick über die Malerei vom schwäbischen Impressionismus Ende des 19. Jahrhunderts bis zu den Spielarten des expressiven Realismus der Klassischen Moderne. Fritz Nuss nahm immer auch Werke auf, die nach außen keine oder wenig Beachtung fanden. Im Lauf der Jahrzehnte ist eine in Zahl und Qualität beachtliche Sammlung entstanden mit Arbeiten von Hermann Pleuer, Reinhold Nägele, Otto Dix, Max Ackermann, Christian Landenberger und vielen anderen. Bildhauerarbeiten beider Sammler ergänzen die Ausstellung.

■ ***Ö:*** *April–Oktober Sonntag 14–17 Uhr;* ***L:*** *Hauptstraße 19;* ***K/R:*** *Nein;* ***T:*** *(0 71 51) 60 33 31; www.karl-ulrich-nuss.de*

Den **Skulpturenpfad Strümpfelbach** hat die Künstlerfamilie Nuss/Traub/Engelhardt mit 41 Figuren ausgestattet. Den größten Beitrag leistete Karl Ulrich Nuss. Sein 1999 gestorbener Vater Fritz Nuss fügte acht, sein Neffe Christoph Traub vier, der weitere Neffe Felix Engelhardt zwei Skulpturen hinzu.

■ ***P:*** *Gemeindehalle Strümpfelbach;* ***K:*** *Ja;* ***R:*** *Nein;* ***T:*** *(0 71 51) 60 33 31; www.karl-ulrich-nuss.de*

Das in dem denkmalgeschützten Weingärtnerfachwerkhaus Hauptstraße 4 eingerichtete **Heimatmuseum Strümpfelbach** zeigte bis zum Umzug im Jahr 2011 die Sammlung der Museumsgründerin und Weinstädter Ehrenbürgerin Sophie Weishaar. Das Museum wird 2013 im historischen Rathaus neu eröffnet. Ausstellungskonzept und Öffnungszeiten lagen bei Redaktionsschluss noch nicht vor.

■ ***L:*** *Altes Rathaus;* ***K/R:*** *Nein,* ***T:*** *(0 71 51) 6 04 58 73; www.weinstadt.de*

Im Alten Rathaus von Beutelsbach wurde 1989 das **Bauernkriegsmuseum** eröffnet. Der große Saal im Erdgeschoss erinnert an die von Beutelsbach ausgegangene bäuerliche Aufstandsbewegung des »Armen Konrad«. Sie spielte eine Rolle in der Vorgeschichte des großen Bauernkriegs von 1525. In Text- und Bilddokumenten werden die Ereignisse dargestellt und der geschichtliche Hintergrund des Aufruhrs beleuchtet. Der geheime Bauernbund »Armer Konrad«, dem sich bald auch mancher Stadtbürger anschloss, hatte sich 1514 aus lang angestauter Unzufriedenheit mit der Regierung des Herzogs Ulrich von Württemberg gebildet. Vordergründig ging es um die Wiederherstellung des »alten Rechts« wie dörfliche Autonomie und Waldnutzung, konspirativ aber um den Umsturz der bestehenden Herrschaftsverhältnisse. Der vom Tagelöhner Peter Gais ausgelöste Aufruhr wurde gewaltsam niedergeschlagen.

■ *Ö: Sonntag 14–17 Uhr; L: Stiftstraße 11; K/R: Ja; T: (0 71 51) 6 04 58 73; www.weinstadt.de*

Das **Heimatmuseum Beutelsbach** ist im ersten Obergeschoss des Beutelsbacher Rathauses eingerichtet. Mit dem Inventar von Wohnstube, Schlafkammer und einer Küche gibt das Museum einen Einblick in Leben und Wohnen im Beutelsbach des 19. Jahrhunderts. Gezeigt werden auch archäologische Funde aus der Burgruine am Kappelberg oberhalb Beutelsbachs.

■ *Ö: April–Oktober 2. und 4. Sonntag im Monat 14–17 Uhr; Stiftstraße 11, K/R: Nein, T: (0 71 51) 6 04 58 73; www.weinstadt.de*

Die **Ostdeutsche Heimatstube** im Beutelsbacher Rathaus zeigt Kultur und Lebenswelt der Heimatvertriebenen in den Ostgebieten, im Sudetenland und in den Siedlungsgebieten in Ost- und Südosteuropa.

■ *Ö: April–Oktober 2. und 4. Sonntag im Monat 14–17 Uhr; L: Stiftstraße 11; K/R: Nein; T: (0 71 51) 6 04 58 73; www.weinstadt.de*

Der knapp sechs Kilometer lange **Weinstädter Liederweg** trägt das Motto »Von Friedrich Silcher zu Gotthilf Fischer«. Der Komponist und Volksliedsammler Silcher wurde 1789 als Sohn eines Schulmeisters im Stadtteil Schnait geboren. Der 1928 in Plochingen zur Welt gekommene Fischer, ebenfalls Komponist, zugleich Leiter der Tausende Köpfe zählenden Fischer-Chöre, wohnt im Stadtteil Beutelsbach. Beide Orte verbindet der Liederweg. Fünfzehn Schautafeln mit Liedtexten sollen das Sangesgut lebendig halten. Sie mögen zum gemeinsamen Singen unter freiem Himmel anregen. Der Pfad führt durch Rebhänge zum Aussichtspunkt »Drei Riesen« und hinab zum (kostenpflichtigen) Friedrich-Silcher-Museum.

■ ***P:*** *Gemeindehalle Beutelsbach;*
K: *Ja;* ***R:*** *Nein;* ***T:*** *(0 71 51) 6 52 30;*
www.silcher-museum.de

Die **Heimatstube Endersbach** zeigt in der Alten Schule Bilder der Endersbacher Maler Karl Wilhelm Bauerle und Jacob Seybold sowie eine Sammlung historischer Hauben aus aller Welt. Im Jahr 2011 ist eine historische Sammlung eingefügt worden.

■ ***Ö:*** *1. Sonntag im Monat 14–17 Uhr;* ***L:*** *Schulstraße 12;*
K/R: *Nein;* ***T:*** *(0 71 51) 6 04 58 73;*
www.weinstadt.de

Das **Heimatmuseum Pflaster 14** präsentiert in einem Fachwerkhaus mit Möbeln, Wandschmuck, Keramik, Ofensteinen, Trachten die Wohn- und Arbeitswelt des 18. bis 20. Jahrhunderts.

■ ***Ö:*** *1. Sonntag im Monat 14–17 Uhr;* ***L:*** *Pflaster 14;*
K/R: *Nein;* ***T:*** *(0 71 51) 6 04 58 73;*
www.weinstadt.de

Am gut drei Kilometer langen **Weinbau- und Skulpturenweg** Schnait informieren achtzehn Schautafeln rund um Weiß- und Rotwein. Der Weingärtner und Freizeitbildhauer Ludwig Heeß hat zwei Dutzend selbst in Stein gehauene Skulpturen beigesteuert. Auf Weinstadts Internetseite erklärt er die Kunstwerke.

■ ***P:*** *Wanderparkplatz, 1,8 km nach Ortsende Richtung Manolzweiler;*
K: *Ja;* ***R:*** *Nein;* ***T:*** *(0 71 51) 69 04 59;*
www.weinstadt.de

Schuhe im Brunnen

Der **Archäologische Park** im ehemaligen Römerkastell vermittelt Einblicke in den Lebensalltag in einem Militärlager vor mehr als 1800 Jahren. Mit zwei Kastellen zählte Welzheim im 2. und 3. Jahrhundert zu den wichtigsten römischen Truppenstandorten längs des Limes. Das »Westkastell« ist vollständig überbaut. Zu den wichtigsten Grabungsfunden im über vier Hektar großen »Ostkastell« zählen mehr als hundert aus einem Brunnen geborgene Schuhe. Das Westtor des Kastells, Teile der Kastellmauern und des Wehrgangs wurden in Original-

größe rekonstruiert. Wenig nördlich von Welzheim liegt das 324 Quadratmeter große »Kleinkastell Rötelsee«, das nur zwanzig Soldaten aufnahm.
■ ***L:*** *Rienharzer Straße;*
K/R: *Ja;* ***T:*** *(0 71 82) 80 08 15;*
www.ostkastell-welzheim.de

Eine Gebäudegruppe am alten Pfarrhof bildet das **Städtische Museum**. Mit seiner römerzeitlichen und volkskundlichen Ausstellung gilt es als Zentralmuseum des Welzheimer Waldes. Stuben und Kammern spiegeln bäuerliches Leben im 18. und 19. Jahrhundert. Eine kleine Abteilung bewahrt altes Spielzeug aus Welzheimer Produktion.
■ ***Ö:*** *Sonntag 14–17 Uhr;*
L: *Pfarrstraße 8;* ***K/R:*** *Nein;*
T: *(0 71 82) 80 08 15;*
www.museumwelzheim.de

Die **Sternwarte** im Ortsteil Langenberg dient dem Stuttgarter Planetarium als Beobachtungsstation. Hauptaufgabe ist, Himmelsaufnahmen für die Gestaltung der Sternenvorführungen des Planetariums zu gewinnen.
■ ***Ö:*** *Oktober–März Montag, Mittwoch, Samstag 20 Uhr, April und September 21 Uhr, Mai–August nur Samstag 22 Uhr, warme Kleidung empfohlen;* ***P:*** *Der Parkplatz »Sternwarte« ist ausgeschildert;*
K/R: *Nein;* ***T:*** *(0 71 82) 42 84 (nur zu Beobachtungszeiten);*
www.sternwarte-welzheim.de

Der rund zwei Kilometer lange Welzheimer **Planetenweg** führt vom »Neptun« am Parkplatz »Laufenmühle« zur »Sonne« an der Sternwarte. Schautafeln, die maßstabsgetreu im Abstand der Planeten zur Sonne aufgestellt sind, vermerken Eigenschaften und Kenndaten der acht Sterne.
■ ***P:*** *Parkplatz »Laufenmühle«;* ***K/R:*** *Nein;*
www.sternwarte-welzheim.de

Der Mops des Herzogs

Zwischen Torhaus und Hauptgebäude von Schloss Winnenthal steht seit bald dreihundert Jahren das **Mops-Denkmal**, ein anrührendes kleines Monument. In das Bogenfeld ist ein Hündchen eingemeißelt, in den Denkstein darunter ein langes Gedicht in mäßig holprigem Versmaß. »Ein kleiner Mopshund wohlgeboren / der hatte seinen Herrn verloren / vor Belgrad war's im Türkenkrieg / als Prinz Eugen behielt den Sieg ...« Tatsächlich erinnert der Denkstein an den Mops des Herzogs Karl Alexander von Württemberg. Der Herzog war als Feldmarschall in österreichischen Diensten 1717 an der Schlacht um Belgrad beteiligt. Wie die Legende berichtet, verloren sich im Kampfgetümmel Herr und Hund aus den Augen und fanden auch nicht wieder zusammen. Der Mops machte sich zu Fuß und ganz allein auf den 1200 Kilometer langen Heimweg nach Winnenden, wo er tatsächlich eintraf. In seinen 27 Zeilen erzählt das Gedicht im Stein die »Geschichte des Mops von Winnenden«.

■ ***L:*** *Im Schlosshof von Schloss Winnenthal;* ***K/R:*** *Ja; www.winnenden.de*

Das **Heimatmuseum** im Schwaikheimer Torturm dokumentiert Stadtgeschichte mittels Modellen, Karten, Plänen, Siegeln und Stadtansichten. Gezeigt wird auch die Entwicklung von Handwerk, Handel und Gewerbe. Eine mittelalterliche Gefängniszelle lehrt den Strafvollzug in jener fernen Zeit. Der gemauerte Teil des Torturms reicht ins Mittelalter zurück. Der Treppenturm wurde ihm 1619 angefügt. Die Fachwerketagen kamen 1708 dazu. Die Stadtmauer ist bis heute abschnittsweise erhalten, im nördlichen Teil sogar mit Wehrgang. Nahe dem Rathaus steht noch der Diebsturm. Von einst drei Stadttoren ist nur der Schwaikheimer Torturm erhalten.

■ ***Ö:*** *Mai–November Sonntag 10–12 Uhr;* ***L:*** *Marktstraße;* ***K/R:*** *Nein;* ***T:*** *(0 71 95) 58 58 38; www.winnenden.de*

Bildnachweis

(nach Seitenzahlen)

2/3 © Landesmuseum Württemberg, Stuttgart; Foto: H. Zwietasch/P. Frankenstein
16 Porsche AG
18 Stadt Aalen
19 Gemeinde Gschwend
24 Gemeinde Aidlingen
26 Gemeinde Deckenpfronn
27 Gemeinde Gärtringen
31 Stadt Sindelfingen
33 Alfred Ritter GmbH & Co. KG
39 Stadt Calw
43 Jugendfarm Esslingen
47 Friedhelm Backhaus
52 Hochschule für Wirtschaft und Umwelt Nürtingen-Geislingen
57 Zeller, Ebersbach
58 Manfred Begenat
64 Neckar-Zaber-Tourismus
66 Stadt Eppingen
67 Stadt Eppingen
69 Stadt Lauffen am Neckar
74 Burg Stettenfels GmbH
76 Gemeinde Wüstenrot
84 Peter Mann
88 Dieter Grau
90 Jürgen Blumhardt
92 Stephan Czarnecki
93 Stephan Czarnecki
96 Bonbonmuseum Kleinglattbach
103 Gemeinde Sternenfels
106 Stadt Bad Urach
114 © Landesmuseum Württemberg, Stuttgart; Foto: H. Zwietasch
116 B. Eidenmüller
117 Mercedes-Benz-Museum
123 sitibi kommunikation
130 Kunsthalle Würth/The Henry Moore Foundation
138 Gemeinde Aspach
140 Stadt Backnang
142 Stadt Fellbach
143 Gemeinde Großerlach
145 Stadt Korb
149 Kurt Hellesic
153 Stadt Weinstadt
155 Stadt Weinstadt

Alle anderen Fotos:
Gerrit-Richard Ranft